宅爸的鈍感力哲學

宋沛芸　著
Rebecca Sung

目次

第一章：老爸

第二章．．母親

第三章．．我

・推薦序一

當一個人不再困在傷裡，他將開始感恩

——初色心理治療所所長　蘇映竹

第一次看到沛芸時，覺得她是一個口條清晰、聰明大方、侃侃而談的女子。每每席間與她對話時，總是感受她的細膩、易感、同理與敦厚，在很多困難陳述的背後，都跟著她一起體驗到每個決定下的細微考量。她有強大的感染能量，讓與她談話的人能很有臨場感的體驗當下時空的氛圍。

在案頭讀著她的文字，讓我更進一步的了解她。是啊，跟我所想的一樣，她的文字真是讓人身歷其境，讀著讀著就忘了時間。

很喜歡沛芸提到父親的鈍感力。「鈍感力」直接翻譯就是「遲鈍的力量」。渡邊淳一說鈍感雖然有時給人遲鈍、木訥的負面印象，但鈍感力卻是我們贏得美好生活的手段和智慧，讓我們更堅定的朝著自己的方向前進，並且從容面對生活中的傷痛。不過在華人社會，鈍感容易被人貼上「不細膩」、「無感」、「沒神經」的刻板標籤，好像快速的反應才是對的，其實不然，「快快的聽、慢慢的說、慢慢地動怒」是個很美好的溝通哲學與生活態度，一種在守住自己的判斷下同時涵容對方的景況，溫柔且厚實。

然而用欣賞的角度去看待鈍感力，卻不是每個人都可以做到，畢竟鈍感力顧名思義感覺好像有點遲鈍。因此，「眼光」就很重要。書中沛芸說，認識鈍感力後，「我開始從一個全新的視野來觀看父親。」這是非常重要的轉折，也是這本書得以開始、持續與完成的源頭。沛芸也給我們一個同等關鍵的訊息，在於「願意選擇新的眼光」。當我們願意嘗試去重新詮釋經驗，很多以前堅決認定的錯誤都可能成爲新好特質的歸類，而我們過往的人生也將可能有新的彈奏基調。

我很好奇沛芸寫完了這本書帶給她多少和諧一致的自由感受。她的勇氣讓她突破了限制，書中不是僅剖析自己的痛苦、找到原生家庭的創傷後就結束了，相反的，書裡帶出了一種自由意志選擇後的實踐，並且在實踐後看到那原本家庭裡的良善、美意與愛，這全新的力量包裹著舊傷，卻不再困在傷裡。當一個人不再困在傷裡，他將開始感恩。這是多麼令人振奮的消息，閱讀的同時，鼓舞的能量在我心間湧流，竟讓我也想訪問我的父親與母親，而我也確信我會因著我的願意選擇而獲得全新的生命。

沛芸的文字給人美好而雀躍的衝動，讓人會想要重新看待自己的生命經驗，謝謝這本書，也謝謝沛芸強大的感染能量。不管認不認識沛芸的人都非常推薦閱讀，裡頭談的不只老爸，也是眼光、是哲學。讀完後，自己的世界將變得寬廣，不是因爲認識了新東西新知識，而是願意的能量擴張了自己的境界。

・推薦序二——南京大學講師、臺灣師範大學教育心理與輔導學系訪問學者、職業諮詢師　趙娟

華麗轉身，為自己開啓一扇邁向幸福的大門

2019年上半年，有幸到臺灣師範大學訪學一個學期。臺灣心理諮詢做得非常嚴謹規範，各類個人療癒和靈性成長課程比比皆是，讓我如獲至寶，一有機會就週末去體驗各種工作坊，沉浸其中、樂此不疲。第一次見沛芸，正是在臺灣周志建老師故事療癒工作坊。這期的主題是「跟家庭的傷說再見」，團體中有很多人，帶著原生家庭的痛苦、傷害、怨恨、遺憾……來傾訴、發洩、釋然、告別、重生。諮詢室裡見過太多淚流滿面、飽受痛苦折磨的個體，但是在這種場域中，當有小夥伴站出來，聲淚俱下地分享成長故事，勇敢豁達地直面慘澹人生，著實還是讓我很震驚。這是怎樣的個體，這是怎樣的人生，這是怎樣的境遇，能夠突破重圍，義無反顧又毅然決然地長成現在的樣子。沛芸當時也是其中的一員勇士，至今我仍清楚地記得，她「控訴」的正

是她與父親之間的恩怨糾葛，她敏感多病的母親、青年失常的姐姐和盛年過世的哥哥。柔美平和的外表之下，竟然隱藏著如此多的人生苦難，有如暗濤洶湧、噴薄而出，得有多麼強大的內心去應承這命運多舛的磨難。聽著聽著，就猶如一塊大石壓胸心痛不已，當即有一種衝動，特別想去擁抱一下這個令人心疼的姑娘。

中午工作坊結束，幾個小夥伴相約去附近吃飯，沛芸也在其中。席間大家都給予沛芸鼓勵和支持，這個美麗的姑娘再次潸然淚下。作爲一個心理諮詢師，我本能地從桌上的紙巾盒裡抽出一張紙巾遞送到她手中。那一刻不需要太多的語言，就是陪著她靜靜地把眼淚釋放出來，所有的力量自然會在方寸紙巾傳遞的過程中，到達對方手上。

事後工作坊結束，我們各奔東西，我繼續享受在台溫暖而又緩慢漸進的生活。6月快離開前，一起參加工作坊的一位朋友邀我小聚，算是提前爲我送行，並特別告訴我沛芸也會參加，說要當面感謝我當時給她遞上紙巾。再次心有所觸，這是一個多麼柔軟敏感、心細如塵的姑娘。若不是友人提醒，我早已完全忘記了當時那一幕。對我而言，也許是職業特性使然，並沒有太多的想法。但是看似一個不經意的動作，原來可以這樣溫暖人心。

再次見到沛芸，感覺她整個人容光煥發，脫胎換骨般重生。為了表示尊重，她特意穿了合身的旗袍，化了精緻的妝容，從桃園專門打車過來與我相見。她愉快地與我們分享，她與父親已經冰釋前嫌、握手言歡，父女二人共同的心血《老爸的鈍感力哲學》也即將付梓出版。這場跨越幾十年間盤根錯節的關係從破冰到重組，除了具有深厚鈍感力功底的老爸之外，沛芸也實屬鈍感力千錘百煉之高人。幸福的童年療癒一生，不幸的一生療癒童年，很慶幸沛芸在人生即將步入中年階段時能夠華麗轉身，為自己開啓一扇邁向幸福的大門。

從來沒有一本大眾心理學讀物如《老爸的鈍感力哲學》這般，讓我有種酣暢淋漓、愛不釋手、一氣呵成的感覺。沛芸深厚的文學功底、細膩的筆觸、扎實的心理學素養，在書中表現得淋漓盡致。因循書中的「鈍感力」，我追根溯源又重讀了渡邊淳一先生的《鈍感力》，對照自己的人生開始反思。我一直覺得從事與人打交道的工作，是需要高度人際敏銳性的，這是一種優良的品質或者說心理諮詢師必備職業素養，細緻入微的情感才能深度同理他人。可是將這種高度人際敏感性帶入生活中，就會自尋苦惱甚至「殃及池魚」，最爲直接的反映就體現在親子關係中。平時一片母慈子孝，一旦老師向我告狀女兒在學校的各種「不良表現」時，無名怒火就會不可遏制地殃及女兒身上。我覺得女兒的表現讓我丟臉、難堪，給我帶來很大困擾和焦慮。老師跟我之間的溝通回饋，儼然成爲我們親子關係良性互動和惡性循環的直接晴雨錶。看完《鈍感力》一書後，我覺得自己太過於放大老師的單方面資訊了，太過於放大女兒表現出來的問題了，太過於杞人憂天孩子的成長發展了。我應該跟孩子站在一起打倒問題，而不是跟問題同流合污打倒女兒。我應該更相信女兒，不能因爲隻言片語的單方面資訊而草木皆兵、神經緊張。調高自律神經的閥值，我突然放鬆下來，女兒跟我說：「媽媽，你笑起來眞好看！」

不可置疑，如果說我身邊也有鈍感力十足的高手的話，那一定是我的女兒。雖然她在學校成績不夠優異，雖然她經常調皮犯錯，雖然她一天沒有接受過正規的心理學專業訓練，她在心理方面的調節能力著實爲我這個老媽折服。在這個唯分數論的畸型競爭社會，作爲小孩能夠健康地生長也屬不易。女兒告訴我：「媽媽，雖然我們班學霸成績比我好，但是我覺得我有兩點比他強。第一，他不允許自己失敗，他每次考不到100分，就會在班上當場失控大哭。我考不到100從來不會哭。第二，我可以有不斷進步的空間，上次考90，這次能考95，就是巨大的進步。學霸總考100，沒有進步空間了啊。」誠然有些阿Q精神，但是她的積極樂觀、積極向上卻是她成長中抵禦一切外在忽視、不公、陰暗、排擠最好的精神良藥。

明代洪英明《菜根譚》有云：「寵辱不驚，閑看庭前花開花落；去留無意，漫隨天外雲卷雲舒。」不得寸進尺、不忘乎所以、不得意忘形，不亢不卑、不急不慢、不偏不倚，迅速忘卻不快之事、坦然面對流言蜚語、對嫉妒諷刺常懷感恩之心，以平常心態對待世間紛繁複雜的人和事。

感恩在臺灣與沛芸的遇見，感恩這本書給我的心靈洗滌。期待有緣與此書相見的你，與我一般醍醐灌頂、受益良多。祝福宋爸爸、祝福沛芸！

・推薦序三

跨越人生幽谷，願鈍感力與你同在！

——松鼠文化總編輯　賴凱俐

當我們面對生命中的難關，該如何跨越？又能如何和解？

作者宋沛芸生長在人人稱羨的模範家庭，卻在成長過程中經歷許多磨難，考驗著全家人的意志。兄姊在正要起飛的青春年紀，蒙受身心症狀之苦；原本生性開朗的母親，爲了家庭辛勞不已，在人生下半場罹患癌症與腎衰竭，洗腎長達十四年；沛芸在爲課業拚搏的人生萌芽期，竟檢驗出鼻咽癌，抗癌後完成學位，步入婚姻卻又必須面對情緒勒索。

默默守護在這家人身後的，是位曾受到誤解又不擅爲自己辯解的「鈍感」父親。

「擁有鈍感力的人，就像是給自己上了一層保護膜，在環境惡劣又無法改善又無法離開時的一種生存之道。」

沛芸藉由書寫這本《老爸的鈍感力哲學》，開展了重新認識父親的和解之旅。從訪談父親的過程中，深入瞭解其生命歷程，包括孩提時期、年少軼事，甚至是父親即使面對著家人的誤解，仍願意每日不懈地陪伴與照顧的心情。在細細爬梳家庭脈絡之後，我們隨著沛芸的腳步，更理解她的父親，也體會家人之間最柔軟的心思。

閱讀本書的過程中，好幾次都動容不已。我和沛芸在許多面向很相似，引述〈我的敏感與老爸的鈍感力〉中沛芸對自己的描寫：「對於他人的喜怒哀樂，我特別會察言觀色，我還會將莫須有的責任扛在自己身上，認爲我應該爲他人的情緒負責、有義務讓別人快樂。……在人際關係中，我總是過度解讀他人的情緒，並把責任攬在自己身上。」相像的先天高敏感特質，讓我總也是磕磕絆絆。

例如，我在受到批評、感到挫折的時候，也曾不放過自己，與沛芸一樣易處於自責和惶惶不安的狀態。父親對陷在自我批判的沛芸說：「……如果批評與謾罵聲與妳同在，代表妳已經是一個指標性的人物，才會成爲他人攻訐的對象。」讀到此處讓我相當驚喜，因爲我也看到了自己父親的影子。我始終相信擁有一位鈍感力的父親是件幸福的事，不但可以換個角度思考、轉念，在當下得到安慰與支持，更是能在人生旅途上擁有哲學家相伴，開啓更寬廣的視野。

此外，沛芸從廣泛的閱讀之中汲取靈光，讓我們在書中也能讀到生命與經典互爲佐證的精華片段。我也曾徘徊於生命幽谷，在憂鬱與多種情緒混雜的日常裡，從書中他人分享的生命歷程與各式故事中，漸漸勾勒出自己想要成爲的模樣。其中也包含「鈍感力」，讓我不再受制於他人的期待，更能肯定自己當下的狀態，終於開始建構更自在的人生。

回顧生命中的種種艱難，需要相當堅強的勇氣與意志；和家人們和解，進而敘寫成書，更是需要決心與耐心。沛芸這本《老爸的鈍感力哲學》，必定是她豐盛生命力的展現，帶給我許多感動，也推薦給捧著這本書的你。

願鈍感力與你同在！

・推薦序四

生存太難？跟著這本書點開鈍感力外掛吧。

——詩人　李夏苹

在談這本書之前，先坦白一件笨事。

「Rebecca 的書明年書展要出了，可以請邀你寫推薦序嗎？」愛文社的社長，也是我第一本書的催生者，大學好友黃柏軒某天問我。

生平第一次接到寫推薦序的任務，既感新鮮又感惶恐，上網查了 Rebecca 書中一再提到的著作《鈍感力》，對於渡邊淳一博士的洞見深感相見恨晚，決定入手一本，礙於推薦序的截稿期，無法如往常請相熟的獨立書店代訂，於是上網路書店訂了《鈍感力》一書。

過不了兩天，網路書店以電郵通知書到店了，火速衝去便利商店取書，打開包裝，發現有件事怪怪的，亦即……

作者的名字好像不是渡邊淳一博士，而是另外一位日本人耶？

一切都是幻象，嚇不倒我的！催眠自己冷靜下來，再次請出估狗大神，這才省悟到——歐買尬，我．眞．的．訂．錯．書．了，在閱讀《老爸的鈍感力哲學》並搜尋《鈍感力》的同時，我身體力行多年的「鈍感力」外掛開通了，管他作者是誰啊，書名一樣就給它用力買下去！

原來渡邊淳一博士所著的《鈍感力》已經缺貨，我買到的是另外一位日本心理學博士植西聰的同名著作，封面除了「鈍感力」三個大字，旁邊還有小小的副標「爲那些一點小事就耿耿於懷的人，找到救贖」。

行動愛衝第一卻常常忘了帶腦袋出門的我，一定是身上散發著鈍感力外掛的氣味，吸引了想動筆寫《老爸的鈍感力哲學》的Rebecca，猶記是在2019年5月在新星巷弄書屋的駐店寫作活動中，初遇Rebecca，她帶著想要出書的念頭，原本要找一位出版界的名人問出書的問題，後來轉而和我聊起出書的細節，我向她推薦了愛文社的黃柏軒，分享出版的一些資訊，當時她別說寫一本書了，連前言都還沒動筆。

然後嚇死寶寶了，12月我遇到柏軒的時候，他說：「Rebecca的書已經寫完了，準備明年書展的時候亮相。」

拿到Rebecca的書稿，內心又震驚了一次，Rebecca不但是個寫作快手，更是位天生的作家，文筆流暢又生動，吸引人一路閱讀下去，在她動人的敍述下，我很快就讀完了整本書，對於Rebecca之所以大推渡邊淳一的《鈍感力》，著實心領神會。Rebecca在書中梳理爸爸的成長過程，深究爸爸之所以養成超強鈍感力的原因，使讀者從鮮活的案例對照中，領悟到鈍感力的重要性；Rebecca細述爸爸又是怎麼靠著鈍感力，在家中遭逢變故後，撐起一個隨時可能傾倒的家，《鈍感力》書中原本是理論的部分，搭配了Rebecca本人的親身體驗及從旁見證，成為活生生，令人難忘的實證。

和媽媽同爲超敏感者（書中的說法是「女先知—卡珊卓情節」），家人又罹患身心疾病，甚至自己也有重病經驗的Rebecca，始終不能理解爸爸那些看似漫不經心，遲鈍到氣死人的所作所爲，直到閱讀了《鈍感力》並提筆寫下《老爸的鈍感力哲學》，直到用這本書作爲引子，和老爸談心、和解。本書適合這個紛擾的時代，推薦給每一位常爲小事過不去的過度敏感者，若能從這本書中，Rebecca爸爸的成長背景和人生經驗裡，找到鈍感力的開關，點亮那棵一直存在，卻不被相信的技能樹，對於許多原本想不通、放不開的事，或許能找到迎刃而解的方法。

雖然我耍白痴買錯了書，但是另外一位《鈍感力》的作者植西聰博士，書中有超多值得螢光劃記的亮點。

隨便舉幾個例子：

- 那些因察覺風險而放棄的事，都值得遲鈍一次

・你是最危險時會害怕，還是危險過後才害怕？
・夠傻才行，聰明的人懂得先放棄
・什麼意思？就字面意思
・預言自己根本是自討苦吃
・把敏感用在挖掘他人的優點上
・負面消息聽三次以上才反應
・有了心靈支柱就能發揮鈍感
・幸福就是擁有糟糕的記憶

以上的句子，在《老爸的鈍感力哲學》一書中，處處可以得到應證，Rebecca所閱讀的《鈍感力》成書於2007年，顯然在Rebecca成長的過程中，她爸爸並未讀過《鈍感力》一書，但諸如1-5章節〈放過生活中的小事〉裡學的那些事例：，1-6章節中，老爸教她「如果走在路上，有人問你要去哪，你不想暴露行蹤，就回答：『去那裡！』然後牧童遙指杏花村，手隨便指一個方向，疾行而過，離開現場。」

又或者3-2章，提到高敏感屬性的Rebecca擔心在學校任教時，同事的耳語和批評，爸爸安慰她：「你要把別人對你的批評，當作是讚美！」進而解釋：「如果批評與謾罵聲與妳同在，代表妳已經是個指標性的人物，才會成爲他人攻訐的對象。」這些話語不但安撫了她，也同時讓閱讀這些文字的我，從過去寫文章被罵翻的經驗，聯想到高人朋友的安慰：「被罵翻也是一種榮耀。表示你的文字很有份量。」

書中對於父母婚姻的著墨，也很適合最近被《82年生的金智英》逼哭的朋友們，從中找到解方。書中援引渡邊淳一博士對婚姻的見解：

「人們常會把幸福婚姻掛在嘴邊，年長後常會有意味深長的感慨，『和你共度一生眞太好了』，其實那都是經過漫長的忍耐才得出來的結論。我們不要忘記，在夫妻雙方互相容忍的背後，是出色的鈍感力一直在支持和守護著他們。」

·

願鈍感力與大家同在。

李夏苹 2019.12.11

前言

俗話說：「天下無不是的父母。」

我打從心裡非常不認同這句話。

我愛我的媽媽，但是我卻非常不認同我的爸爸。

在我的心中，我的父親相當不負責、自私，並且是在感受上相當遲鈍的一個人；相反的，我的母親有責任感、無私，對他人的感受十分敏感，是一位只要能夠讓子女好，可以無條件犧牲自己的一位偉大的母親。

三十到四十歲這段期間，爸爸追逐人生夢想，白天擔任國小老師，晚上就讀夜間部藥學系，之後與舅舅一同經營藥局，長達十三年的歲月，他把三名子女與整個家庭丟給媽媽一個人照顧。印象中，我的童年時期不常看到他，偶爾見到他，都是在深夜。

因爲工作壓力大，父親回家前偶爾會去吃點宵夜，喝點小酒，曾記得在深夜時，他帶著微笑慈愛地對我說話的模樣——臉色潮紅，搖搖晃晃地走路，嘴巴中噴出濃郁的酒精味，當時雖然年紀小，但是我知道，他喝醉了。

因此，我的母親對他懷有諸多的不滿，事實上，母親年輕時面容姣好，氣質出衆，追求者甚多，她常常當著父親的面對他說：「當初，我就算矇著眼隨便嫁，也比嫁給你來得強！」每當母親這樣說，他也不生氣，只是尷尬地笑著，或許他知道媽說的是眞的。

因此，在我心中，我的父親一直是貪圖享樂、不顧家庭的形象。直到厄運開始接二連三發生在家中，才有了改變。

哥哥姐姐，在青春期時相繼罹患心理疾病；十年後，母親被檢驗出大腸癌；最後我也無法倖免，在十九歲那年得了鼻咽癌。這一連串厄運改變了我的父親，他停止了夜夜笙歌的日子，回歸家庭，陪伴、照顧我們。

但是幾年後，更糟糕的事情發生了。我的母親在鬼門關前走了一回，並確診爲腎衰竭，從此開始洗腎歲月。

爸爸開始一週三次開車載著媽媽去洗腎，把她當公主般對待，就這樣照顧媽媽長達十四年。

然而，即使他盡全力照顧家人，善待媽媽，我仍然遷怒於他。在我的心中，我認爲他是一個不負責任的丈夫、失職的爸爸，甚至覺得：我們全家人會罹患重病，都是他的錯！

直到前陣子，我讀了日本作家渡邊淳一所寫的《鈍感力》。渡邊先生認為鈍感力是一項好的特質，不論就職場、健康、人際關係以及家庭生活中皆是如此。擁有鈍感力的人，不會過度地多慮，沒有必要地擔憂，也可以在許多容易過不去的事情上，放自己與他人一馬。我才驚覺，在我的父親身上，充滿了鈍感力的特質——從前，我一直把他的遲鈍視為一項糟糕的缺點、人格上的瑕疵，更是家庭悲劇的始作俑者。

在閱讀這本書後，我開始用全新的視角來看待父親。

我曾聽過爸爸童年時的一件軼事，奶奶說他是個非常好養的小嬰孩，即使在襁褓時期，穿著的尿布髒了，他也笑咪咪的，從不哭泣；我更回想起，每當媽媽對他說些尖酸刻薄的話語，也從未見他發脾氣，還會說些話安撫媽媽。此外，他還有項特殊的才能：不管發生再糟糕的事情，他還是能很快的入睡，並得到充分的睡眠與休息。

我想這是他長壽的秘訣：他今年已高齡八十，但身體仍十分健康，這點也是我非常想要學習的才能，因爲跟媽一樣，我在個性上非常敏感，容易過度憂慮，並且很難入睡！

我開始了解，或許發生在家中那些接二連三的災禍，並非純然是父親的過錯。即使今日的醫學如此發達，但是醫師仍無法解釋心理疾病或癌症的成因。生活環境、情緒、壓力，飲食、人格特質乃至於基因遺傳皆有可能是原因，至今仍然沒有定論，我又如何能武斷的推論，這一切，家人的疾病都是父親所造成？

因此，我開始從一個全新的視野來觀看父親。

作爲一個八十歲的老人家，老年時喪偶、在白髮人送黑髮人的情況下替獨子送終，至今仍然照顧著有心理疾病的大女兒，不棄不離。即使他在年輕時曾經忽略家庭，但是他的後半生都用來彌補、贖罪，難道這樣還不夠嗎？

猶記得母親仍在世的最後幾年，她漸漸沉緬於追憶往事，同樣的話題總是跳針式地一再重複，每當這種狀況發生時，我往往會找個藉口逃離現場，但父親從未離開，還會耐心地重複回媽媽的話，陪她一起回憶美好的往事，討論細節，還會哄她笑，讓她開心，卽使這樣的對話發生在半夜三點鐘，他也不曾有半點的不耐煩。

如果這不是愛，那什麼才是愛？

突然間我有一股衝動，我想回家，當面告訴我的父親：「爸，你是一位好丈夫，一位好爸爸，謝謝你，我愛你！」

第一章　老爸

1-1 鈍感力的養成之一：大難不死

老爸今年八十歲，有兩道疤痕已經陪伴了他七十幾年的歲月。這兩道疤痕或許會隨著歲月流逝一點一點被撫平，但在他的心中，卻是永遠忘不掉的記憶。

老爸五歲時，和大部分的男孩一樣頑皮而好動。當時他家住大誠街，大誠街與成功路的交叉口開著一家男士呢帽店，店門口有一棵老榕樹，上頭枝葉一邊高一邊矮，彷彿斜了四十五度角；呢帽店的老闆還養了一隻猴子，這隻猴子白天在傾斜的老榕樹上棲息，就像是這家呢帽店的活招牌，猴子的頸上繫著一條長長的繩子，繩子的長度僅足以讓牠能自由活動，不能逃跑，因此這隻猴子成了街坊鄰居孩童逗弄的對象。

有些孩子會拿家裡的一些水果、餅乾來餵食猴子，有些頑皮的孩子，則會拿一些小石子來砸猴子，使猴子暴怒不堪。

有一天，老爸與其他小孩結伴來逗弄猴子，可能是當天猴子情緒不佳，老爸又靠得太近，猴子突然襲擊他，猙獰的表情直撲眼前，使老爸嚇了一大跳轉身就逃，經過十字路口時，剛好有位木工騎著台孔明車經過，車後座綁著一把長長的鋸子。因爲奔跑的速度太快，霎時間，尖銳的鋸子劃開了老爸的左額頭與胸口，鮮血從左胸口噴出，像暴漲的小河川一樣奔流，老爸說他永遠不會忘記，他親眼看到自己心臟在跳動，心臟還是綠色的。

他用手一把掩住胸膛，基於本能跑回家中尋求庇護，當時祖父正坐在餐桌吃飯，看到奪門而入的老爸胸口鮮血直流，一向鎭定的祖父嚇到將手中的飯碗摔破到地上，飯菜灑了一地，祖父瞬間露出了少見的表情，老爸一瞬間誤以爲祖父要責備他，轉身又想逃跑。

祖父馬上站了起來，帶著哽咽的聲音說：「憨囝仔，你如果現在跑走，你會死，知道嗎？」

老爸這才停下了奔逃的腳步，因爲他這輩子從沒聽過祖父用這麼溫柔的方式對他說話。

隔壁的阿國姆，趕緊摘了些止血的「金狗毛」（一種蕨葉）敷在老爸胸口，再塞了點衛生紙，祖父緊急地叫了台三輪車送澄清醫院急診，因爲大量失血來不及縫合，所以胸口和額頭的兩道深深的傷口是用夾合的，後來住院半個月，由於老爸旺盛的生命力，傷口漸漸的痊癒了。

從那次以後，每當老爸經過呢帽店的老榕樹，總是遠遠的繞路避開那隻猴子，當然更不會再去逗弄牠了。

五歲時的老爸，因爲頑皮戲弄猴子，在鬼門關前走了一趟，即使耄耋之年的他，憶起當年目睹青綠色的心臟，在跳動的瞬間，那種驚恐的表情，總彷彿再親臨現場一遍，童年時，經過一場生命中的驚滔駭浪，就如同宋代蘇洵所言之「泰山崩於前而色不變。」大難不死的老爸，也因此從幼年時，就奠定起鈍感力第一步的穩固基礎！

童年時被猴子嚇到的經驗，似乎沒有在老爸心中留下陰影，到峇里島旅遊時，依舊與猴子戲耍。

1-2 鈍感力的養成之二：勞苦少年

老爸出生在民國二十九年，童年時經歷過第二次世界大戰，也曾到防空洞躲避美軍炸彈的轟炸，度過台灣早期困苦的年代，他回憶起童年時不但吃過番薯煮稀飯，而且番薯還是發霉的，發霉的番薯摻著米飯，煮成稀飯，散發出一種霉臭味，但是不吃又會挨餓，只能硬著頭皮吃。

老爸就讀台中市的光復國小，之後初中聯考完放榜，回到家，跟祖父報告考上了台中一中，鄰里間前後只有三個人考上台中一中，在一般家庭中，應該是件值得高興與驕傲之事，但祖父聽到時，面不露喜色，只沉著臉，「嗯」了一聲，因爲家中無錢支付學費，祖父也高興不起來。後來祖母到建築工地去替人打小工，在烈日下戴著斗笠，幫忙攪拌水泥、遞送水泥等雜工，被一個表親看到了，表親問祖母何以要做如此粗重的勞力活，她才說出兒子考上台中一中，需要支付學費，表親當場從口袋中掏出一些錢，幫忙度過難關。

在二次世界大戰期間，祖父曾到日本經商，用貨輪載回了一船成衣，準備載回台灣販售獲利，在行經太平洋海域時卻遭美軍的砲彈擊中而沉沒，雖然因此把經商的本都賠光了，但是不幸中的大幸，是具有危機意識的祖父，似乎有先見之明，他不是搭乘著載貨的貨輪，而是選擇搭乘著另一艘紅十字救護小艇在後尾隨著，因而保住了一命。

因爲載運成衣的貨輪被擊沉，回到台灣的祖父只好另起爐灶，開啓洗衣店的生意，家中的小孩都要在勞力上有所幫忙，來共同維持一大家子口的生計。

老爸初二那年，祖父轉行做洗衣生意，當時他在坪林803陸軍總院附近的第三訓練中心承包清洗阿兵哥的衣物，包括軍服與內衣褲。當時台灣還未實施週休二日，就讀初中的老爸，除了週一到週五要上學外，週六也要上半天課，下課時背著書包，步行一小時到坪林幫忙工作。

到了第三訓練中心，阿兵哥的衣服充滿了臭汗與酸腐味，首先老爸得將這些衣服用水晶肥皂浸泡一段時間，然後用繩索綑綁，將捆綁好的衣物浸泡在灌溉溝渠中，運用溝渠中激流的清水帶走髒汙，再脫掉鞋子，用他健壯的雙腿踩踏衣物好幾個鐘頭，一直到乾淨爲止。

清洗乾淨後，軍服的上衣與褲子按照順序夾在綁好的繩索上，在陽光下吊掛曝曬，內衣褲的部分，則是放在綠油油的草地上曬乾。曬乾後，要用毛筆沾上醋與黑墨，依照連以及在部隊中的號碼，在衣服的內側上寫上編號，才能衣歸原主，這些部分都是老爸所負責。

三伯父與四伯父的工作，是負責將軍服熨燙得筆挺整齊，祖父則是坐陣指揮一切，祖母會在現場親自下廚，以確保辛苦工作後，晚上大家能享受熱騰騰的一餐後，就地紮營入寢。

這樣的工作，從週六下午持續到週日整天，週一一早五點天未亮，老爸再背著書包，走一小時的路，或是騎腳踏車回學校去上課，一家人維持這樣的工作型態約兩年，一直到初中畢業。還記得從學校到坪林 803 陸軍總院中間要經過旱溪與廓子溪兩條溪，溪上無橋，得涉水走過河床。

有一次祖母心情大好，想給大家加菜，補充點「葷腥味」來增加體力，於是差老爸去市場買一條兩斤的五花肉。他買好了肉，用草繩綁好吊掛在腳踏車的把手上，牽著腳踏車走在廓子溪多碎石的河床上，突然間看到上游的河水暴漲而來，他立刻將腳踏車夾在腋下拔腿就跑，但是溪水奔流的速度來得飛快，在奔逃的過程中，五花肉不慎掉入暴漲的溪水中，老爸伸出了手想拾回，但是又急又兇的溪水瞬間將肉沖遠了。爲了保命，他只好放棄搶救，即使事隔數十年，說起那塊兩斤的五花肉，仍是心疼不已。

高中聯考時，老爸高中部再度考上台中一中，爲了籌措學費與生活費，一大家子還是爲了生存而奮鬥著。當時祖父做起「檸檬肥皂」生意。檸檬肥皂可以用來洗身體也可以洗臉，當時在台中市蔚爲風尚，剛製成的檸檬肥皂一卡車、一卡車載運來時，肥皂都還是軟的，老爸要負責將肥皂下貨，將肥皂在乾淨的水溝邊排成列，在陽光下曬乾、成形。

週末假日，老爸便拉著兩輪的人力車，車上放滿了檸檬肥皂，從大誠街拉到台中公園販售。檸檬肥皂三大塊串成一條賣十塊錢，三伯父在公園中負責喊著廣告詞，喧嘩叫賣，吸引注意力，引來人潮，四伯父則是在五彩繽紛的氣球中灌入氫氣，串上繩子，打著買檸檬肥皂送氣球的促銷專案，生意十分興旺。

台中公園遊客多，帶著孩子的顧客，買了一大串檸檬香皂，孩子則是手握拿著一串紅的、黃的、藍的飄浮氣球，大人小孩都開心，心滿意足的滿載而歸，穿著一條大圍裙的祖父，笑咪咪的負責把客人們遞來的藍色拾元鈔票一張張的塞入圍裙中，一直到夜幕降臨，遊客們紛紛散了，忙了一整天回到家，祖父將所有的鈔票從圍裙中倒出來，倒了滿滿一桌，祖父往往在數一疊疊拾元鈔票時，數著數著就睡著了。

我驚訝的發現，以童工的腳色，幫忙家中的洗衣事業，和在賣檸檬肥皂時，拉著人力車，扮演著「駝獸」的老爸，在過程中是完全沒有酬勞的，只認爲家中需要人手，自己的幫忙是理所當然的。

還有一件對我而言更不可思議的事情，是發生在老爸小學六年級畢業時的那個暑假，父親的二哥，也就是我的二伯有結婚的打算，祖母爲了幫二伯籌措結婚資金，買了四隻小豬仔請大姑姑幫忙飼養，兩隻豬用於籌措二伯結婚基金，另外兩隻則送給大姑姑當養豬的酬勞。而準新郎二伯也沒閒著，他在台中魚市場的冷凍部門上班，因職務的關係偶而會分配到一些有瑕疵的冷凍魚，可以當作豬仔的飼料，而當時每週一次送魚的工作，就落到老爸身上。

老爸回憶當時的他國小剛畢業，週末時就得去找二伯，用紙箱裝回滿滿一大箱魚，用腳踏車載送到台中後火車站，然後搭乘汽動車或五分車，把魚交給住在車籠埔（現今台中市太平區）的大姑姑。

老爸回憶當時的情景：「如果搭到五分車還好，車廂和車廂之間有空隙，可以把魚放在空隙間讓味道散去；如果搭的是汽動車，只有一節車廂，魚的腥臭味會讓車掌小姐和滿車的乘客掩起口鼻，一路上用一種嫌棄又厭惡的眼光瞪著我！」

年僅十二歲時的老爸，就要承擔這種送臭魚的苦差事，並遭逢衆人們嫌棄的眼光，這種忍辱負重的經驗，對於鈍感力的養成，無疑是種最好的鍛鍊！

但是辛苦總是有回報的，將一紙箱的魚送到車籠埔後，就是老爸最殷殷期盼的時刻了。爲了迎接老爸的到來，大姑姑會到廟口去買菜，煮一桌豐盛的菜來犒賞他，其中令老爸印象最深刻的，就是鮮美的牡蠣湯。老爸回憶，車籠埔的鮮蚵碩大肥美，再加上大姑姑的廚藝高超，煮出來的牡蠣湯乃是一絕，既鮮美，牡蠣也不會縮水，是他有生以來所吃過最好吃的牡蠣湯！

大姑姑在收到魚後，便會起油鍋爆香，把魚和地瓜葉一起放在大鍋子裡炒成番薯葉炒魚，這是小豬仔最喜歡的食物了，每一隻豬在她的細心照料下，都養得肥滋滋的！

不論是步行一小時涉水過旱溪與廍子溪、清洗阿兵哥兵服、拉著人力車到台中公園販售檸檬香皂，或是每個週末送惡臭薰天的魚從台中車站到車籠埔，遭受白眼整整持續一年，我想對老爸鈍感力的養成，無論是體能、心志、感官上，都是種上乘的鍛鍊吧！

「鈍感力」所指的，並不是遲鈍，也不是愚笨的意思，而是指在適當的時候，放自己與他人一馬，不做過度的反應，不論在健康、人際關係、愛情、家庭、職場上，這個原則都適用。

司馬光在《資治通鑑．唐紀四十》中寫道：「不癡不聾，不作家翁」，卽是種鈍感力智慧的展現。

這個故事，是講到唐代宗時期，宰相郭子儀的兒子郭曖一天與妻子昇平公主吵架。郭曖說：「妳以爲妳父親是皇上很了不起嗎？如果不是我父親不屑當皇帝，哪輪到妳父親當皇帝？」昇平公主一氣之下飛車奔回皇宮向父親稟告。唐代宗說：「這一點就是妳有所不知了，如果郭家眞的想取而代之，這天下還眞不是歸我們家的。」並安慰了她一番讓她回家去了。郭子儀知道了這件事大驚失色，立刻把兒子郭曖囚禁起來，並入宮向皇帝請罪。唐代宗了解了郭子儀的來意，就對他說：「民間有句俗話說道：『不癡不聾，是做不成家翁的。』小倆口在閨房裡吵架的話，又何必在意呢？」[1]

郭曖一時所說的氣話，認眞追究起來，也可以替他安上一個「謀反」的罪名，但是唐代宗卻一笑置之，先分析事理給女兒聽，安撫她的情緒，並告訴郭子儀，要當一家之長，必須在必要的時候，裝癡裝聾。以我的觀點看來，懂得在必要的時間點，具備有裝癡裝聾的能力，就是一種鈍感力的展現！

渡邊淳一在《鈍感力》的中文版序中，就開宗明義的說到：

在人際關係中，最為重要的就是鈍感力。當受到領導批評，或者朋友之間意見不和，還有戀人與夫妻之間產生矛盾的時候，不要因為一些瑣碎小事鬱鬱寡歡，而應該以積極開朗、從容淡定的態度對待生活。

鈍感力不僅限於精神方面，在身體方面也同樣如是，要想不因些許感冒或傷痛等就敗下陣來，就必須擁有這種能力。

一個人謹小慎微，凡事看得過重的自尋煩惱的時代，應該宣告終結了。

鈍感雖然有時給人以遲鈍、木訥的負面印象，但鈍感力卻是我們贏得美好生活的手段和智慧。

註釋

1 郭曖嘗與昇平公主爭言，曖曰：「汝倚乃父爲天子邪？我父薄天子不爲！」公主恚，奔車奏之。上（唐代宗）曰：「此非汝所知。彼誠如是，使彼欲爲天子，天下豈汝家所有邪！」慰諭令歸。子儀聞之，囚曖，入待罪。上曰：「鄙諺有之：『不癡不聾，不作家翁。』兒女子閨房之言，何足聽也！」——《資治通鑑．唐紀四十》

在《鈍感力》一書中，渡邊淳一引用了許多人的例子，例如在職場上，他提到一位在手術室中不停被斥責的S醫生，因爲不把斥責的話放在心上，待久了成了醫術高超的主任醫生，成爲急診室的第一把交椅，或者是在健康上，和同學一起去旅行的男孩，因爲晚上很冷，同學都感冒了，男童卻絲毫不受影響，身體依舊毫髮無傷，或是在文學的創作上，作者本身，參加文學沙龍的例子，有一位才華洋溢的作家，因爲過度敏感，無法承受編輯的冷言冷語，在成名前就消失於文壇中，反而是作者本身，因爲聽了酒吧裡媽媽桑的稱讚，便信以爲眞堅持創作，終於得到文學大獎直木賞的肯定！

在職場、健康、文學創作上，作者渡邊都舉了不同人當例子，但是老爸一個人就在許多方面上都具備了鈍感力的特質，不論是在人際關係、情感、婚姻、親子、甚至是健康方面，他幾乎是一個人集結了所有鈍感力之大成，眞是非常了不起的一件事！

只可惜《鈍感力》的作者渡邊淳一已於2014年過世，否則就算是作者本身，若是見了老爸，應該也會感到嘖嘖稱奇才是！

我的祖父宋水先生與祖母陳盡女士，他們早期經營洗衣生意，後來經營百貨行，此照是在他們經營的百貨行前的合照。

勞苦少年：老爸於初中時的照片

就讀高中時期，與好友卓瑞年的合照。

台中一中高中同班同學合照，老爸為前排右二，站在後排最高處中間者為趙守博先生（曾任台灣省主席）。

1-3 連老爸都佩服的鈍感力能人

在撰寫本書《老爸的鈍感力哲學》時，老爸也開始回憶往事，並手寫他的童年往事，他提到小學階段，有一位同學的鈍感力非常強大，令他印象非常深刻，以下是老爸手寫的逐字稿：

現在我回憶小時候的往事，記得在民國三十九年，我升上國小六年級，班上轉入三位同學，他們是台中育幼院的院童，其中有一位同學姓林，他分配和我坐在一起，他個性好動、活潑，上課愛講話，不守秩序，愛吃零食，級任老師，林老師，是一位很認真教學的老師，對於不守秩序、不認真的學生管教很嚴，常常會處罰，大聲斥責，甚至加以體罰，而林同學卻我行我素，對於老師的斥責、打罵，無動於衷，我看到他被修理得很慘，就勸他上課時要認真上課，要守秩序，他卻說把老師的斥罵聲，當做左耳入，右耳出即可，至於體罰，則認為是被抓癢一樣，也不會痛。他很聰明，卻好玩成性，整天只是想玩。

後來要考初中了，那時台中市各中學的考試日期是同一天，而且是個別招生，老師依照個人的程度能力填寫志願，那時填寫台中一中的人數只有十五人，而林同學卻說他要填寫台中一中。老師說，你平時成績不是很好，考不上的，他卻是堅持一定要考台中一中。

於是老師說了重話：「你假如能考上台中一中，老師把頭砍下來給你坐！」同學們聽了都哈哈大笑。

後來他改變了態度，認真念書，放榜後，他考上了台中一中。

他跑來找我，對我說：「我們來找老師，把老師的頭，砍下來坐一坐！」

我聽了就大聲的罵他，沒有老師的責罵，你能考上台中一中嗎？

他聽了想一想，也認同我的說法。

林同學他有一項專長，就是畫圖畫得很好。上美術課，我們常在台中中山公園寫生，他畫得真好！無論是樹木或是涼亭，都畫得唯妙唯肖，經過地遊客們，很多都圍在後面稱讚他！

畢業後他考入師範大學美術系，後來到西班牙留學深造。

經過二十多年後，在台中市中山路我們遇見了，大家很高興，找一個地方敘舊，他還說了一件大事。

他說他有一次，從西班牙乘韓航回台灣，飛機飛越北極圈，不慎誤入俄國領空，結果被俄國軍機強迫降落，結果飛機降落在西伯利亞冰天雪地中，真是危險！

當時在報紙上也大幅報導這件事，他向我講述這件事時，也是像以前一樣，輕輕鬆鬆地就說出來了。

他目前是一位知名的畫家，在畫壇上也相當活耀，現於台北定居。

在把逐字稿打字出來的過程中，與老爸進一步討論，才發現這位林同學，竟是當今畫壇上赫赫有名的大師。

聽老爸回憶，因爲當時任教的林老師認眞負責，教導學生相當嚴厲，所以他一直兢兢業業的好好表現，當一名守規矩的「好學生」，以符合師長對他的期待，也避免受到老師的斥責與體罰。相對的，林同學可以對於老師的責罵「左耳進右耳出」，或是把老師的體罰「當作搔癢一樣」，卻也能發憤圖強，考上第一志願，並充分的展現才華，成爲畫壇大師，甚至還在西伯利亞後歷劫歸來後，用輕鬆的口氣講述，這也都加強了老爸的鈍感力基因！我認爲這位林同學所扮演的角色，不但是老爸鈍感力的啓蒙者，也是連老爸都佩服的鈍感力能人啊！

1-4 輕鬆踏出舒適圈——小小家教

老爸的童年是在台中市的大誠街度過的，大約在小學五年級那一年，他常到家附近一家家具行，著迷的看著家具製作的過程，店裡的老闆請了兩位木匠，其中一個木匠名叫做張英欽，后里人，年齡大老爸七歲，和老爸很有話聊，兩人常常聊時事以及報紙上的新聞，如果有看不懂的字，他也會問老爸是什麼意思。

張英欽受日本教育，台灣光復後，國民政府從日本政府接手統治台灣，台灣全面中文化，張英欽因看不懂中文字而感到相當困擾，有一次在交談時不經意說乾脆請老爸當他的中文家教，老爸非常爽快的答應了，完全沒有因自己年紀比對方小，而感到猶豫。

於是張英欽到大同書局，買齊了國小一年級到六年級的課本，以及介紹「ㄅㄆㄇㄈ」的入門書，於是兩人開始了一週兩次的家教課程，一次兩小時，學校下課後老爸快速地洗了澡，就到家具行去幫張木匠上課。從拼音法教起，先教注音符號的寫法與唸法，再教拼音方式，循序漸進的進入國字範疇，接著教朗讀、書寫，這樣的教學總共持續了兩年，一直到張木匠對中文已經駕馭得游刃有餘後才停止。在教學期間，他慷慨付費給老爸一個月二十元新台幣，對於當時每次拿零用錢都是一角、兩角的老爸而言，是一筆很豐厚的收入。

對於自己懷抱自信，即使教課的對象比自己年齡大，也絲毫不畏懼，能輕鬆的踏出自己的舒適圈，貢獻一己之力，幫助力爭上游的木匠識字，這也是一種鈍感力的展現。後來張英欽離開家具行，自己出來創業，經營彈簧床生意，生意昌隆，並經營得有聲有色。

上了中學後，家教的機會又再度找上他。當時老爸的二哥在魚市場上班，一位同事因兒子處於叛逆期，成績一落千丈而煩惱。

二伯對同事說：「沒關係，我有個弟弟很會讀書，讓他來幫忙你兒子！」

於是，在老爸高中二年級的這一年，他便陪這位叫做溫英傑的少年展開了為期一個暑假的陪讀，那時英傑就讀國中二年級，只要老爸所到之處他都跟著，整個暑假，兩人幾乎都待在圖書館，老爸唸書他也跟著唸書，漸漸地，他遠離當初與他結交的不良少年，老爸替他加強數學，在他不懂之處提點他。

學期開學後，在第一次月考時溫英傑數學考了一百分，他的老師認爲他是作弊，他向老師解釋這是因爲在暑假期間，跟一位大哥哥在一起溫書時的成果，老師仍然感到質疑，決定根據同樣的教學範圍重出了一份考卷讓他重考，溫英傑依舊全部答對，老師才感到心服口服，承認他的學習成果的確突飛猛進，也令他的父親感到十分欣喜。

在老爸高中二年級的這一年，爲了表達感謝之意，木匠張英欽約了老爸，一同到他的家鄉后里，於毘盧禪寺同遊，合影留念。

在這張於毘盧禪寺的照片中，有兩名老爸的學生，分別是木匠張英欽，以及暑假時與老爸爲伴的少年溫英傑。之後溫英傑成爲一位品行端正的青年，並在保險業發展，並成爲新光保險公司中部的部長，至今老爸提起此事，內心仍感到相當欣慰。

右前方蹲下的是木匠張英欽，左手邊是他的姪子；後排右一是溫英傑，中間是老爸，左邊是老爸的同學卓瑞年。

1-5 放過生活上的小事

在感官上過於敏感，是一種痛苦。

以聽覺爲例，我之前任職科任教師時，有幾年的時間並沒有自己的專屬教室，在教育界的術語稱爲「跑班」。教學時，就到各個班級的教室教課，沒有課的時候，往往就是待在科任辦公室備課或休息。

科任辦公室的時光，在當時對我而言是稱不上是愉快的。

在我座位旁邊，有一群老師私交甚篤，組成了一個小團體，而當她們幾位聚在一起時，聊家庭瑣事，老公、婆婆、小姑、小孩、揪團購、演藝人員的八卦、學生家庭的私生活等等，話題包山包海，她們聊天的音量，足以讓每位辦公室的同仁都清楚地聽到。我是對聲音十分敏感的人，當我一邊專心備課，一邊還要抵抗這樣的噪音轟炸，一向是非常痛苦的過程。

正當我在書寫本書時，住家附近正在施工，震耳欲聾的建築物敲打聲一陣陣如潮水不停歇，簡直是在挑戰我忍耐力的極限，當我忍住想要尖叫時的衝動時，有一天突然發現老爸正怡然自得的在客廳翹著雙腳看電視。

我忍不住問老爸：「這些噪音不會困擾你嗎？」

他只淡淡地回我一句：「不會啊！他們又不是在晚上施工，還好啦！」

我回頭一想，老爸經過第二次世界大戰美軍轟炸的洗禮，幼年時就躲過防空洞、聽過震耳欲聾的砲彈轟炸聲。對老爸而言，家附近施工的聲音，自然不算是一種困擾。

我想，對於聲音的高敏感度，我應該是遺傳自老媽吧！如果不是因爲遺傳得來，就是因爲在我童年時期，和我朝夕相處的對象是老媽，而從她身上所學習到的高敏感模式。

老爸出生於民國二十九年，老媽則是在隔年三十年出生，都是台中市人，一樣經過美軍砲彈轟炸的過程，聽外婆在回憶當時情景，對聲音極端敏感的老媽，在砲彈聲轟隆作響時，總是哭聲犀利而響亮，爲了避免製造聲響，使防空洞成爲美軍攻擊的目標，讓所有人死於非命，睿智的外婆總會從和服的口袋裡，掏出一顆黃澄澄的黃金糖（麥芽糖和砂糖製成的糖果）塞進老媽的嘴裡，嘴裡吸吮著黃金糖甜蜜滋味，老媽才止住了哭聲，保住了整個防空洞避難者的性命。

有一次和老爸一起去買東西，在結帳時，年輕氣盛的便利商店店員，將零錢用力地甩在櫃台上，老爸則是將零錢一枚枚的清點清楚後，一言不發的離開櫃台。

我當時懷著滿腔的怒火，感到年輕的店員這樣對待老人家，有失禮貌。我認爲在這種找零錢的情況下，應該將硬幣放在客人的掌心上，而非用力地甩在櫃台上，讓客人一枚一枚的撿起來。

「爸，你不生氣嗎？」我義憤塡膺的問老爸。

「不會啊！數目對就好了。」老爸一派淸閒地說。

「但是你不覺得那個店員這樣對你，很沒禮貌嗎？」我還是不死心的追問。

「唉！他應該也不是故意的，可能是家裡面遭遇到什麼不順心的事，才不小心把氣發在別人身上吧！」老爸回答。

站在對方的立場，替對方設身處地的想，這種同理心的發揮，或許是老爸能放過生活中小事，在鈍感力上展現才能的原因。

我記得前陣子，有一天晚上，我突然回憶起之前婚姻中，一些令人不愉快的片段，我認爲在這些過程中，我受到深深地傷害，久久走不出這段陰影，我把這些過程告訴老爸，老爸對我說的一段話，令我終生難忘。

他說：「女兒啊！人生如此的短暫，如果讓你活到一百歲，就算是了不起了吧！既然人生這麼短暫，我們沒有那個性命，去想那些不快樂的事！都過去了，想一些讓妳快樂的事情吧！」

這時侯，我突然從那種負面且幽暗的情緒中，得到了解脫。

是啊！人生如此短暫，而這世上有如此多美好的事情可以去念想，我何苦偏偏去執著那些不愉快的記憶來折磨自己呢？

我才突然發現古人說「家有一老，如有一寶」真有道理，時年八十歲的老爸，經歷過人生中的大風大浪，用簡單的話語，就表達出了他豁達的生命智慧。

擁有鈍感力的人，就像是給自己上了一層保護膜，在環境惡劣又無法改善又無法離開時的一種生存之道。

擁有鈍感力——

就像是在惡臭不堪的環境中，戴上一層口罩，讓自己免於惡臭的侵襲，得以優游地自在的來去。

就像是在冰天雪地中，穿著一層羽絨衣，免於讓自己的身體瀕臨於失溫的風險。

就像是在噪音爆表，吵雜不堪的環境下，悄悄地戴上了一副耳塞，讓自己免於噪音的襲擊，仍能專心致力的處理，當下該做的工作。

或許一時之間我們無法改變環境，或者是眼前惡劣的條件，但是擁有鈍感力，起碼會讓我們在當下日子比較好過些，先撐過一時的困境，將來自會有柳暗花明又一村的盼望與改變！

1-6 八卦終結者——打馬虎眼的功力

記憶中，唯一一次全家的出國旅行是到印尼的峇里島。當年我十九歲，第一次出台灣眼界大開，好多新奇的事物，峇里島濃郁的異國風情、具有特色的廟宇建築、一望無際的綠油油稻田，我和哥哥姐姐，攜手勇闖庫塔區（Kuta）區的Hard Rock酒吧，三人一起聽著「肉塊合唱團」（Meat Loaf）的〈我會爲愛付出一切〉（I'd Do Anything For Love），隨著節奏盡情搖擺。

享受過熱鬧的夜生活後，隔天早上起得晚，我們一家人在路邊的餐廳享受早午餐。安坐在木頭椅子上，帶著暖意的微風輕撫著臉龐，廚師慢條斯理地烹製豐盛的早餐，烤到微微焦黃酥脆的土司，抹上甜中帶酸的草莓醬，陽光蛋，奔流的半熟蛋黃，充滿南洋風味的沙嗲雞肉串，侍者充滿微笑，彬彬有禮的替我們遞上熱騰騰的咖啡，步調是如此的悠閒而緩慢，全家人共度了美好的早晨，一家五口餐點，結帳時竟然只花了新台幣兩百元有找，跟台灣物價相比，真是太便宜了！

在那次的旅行中，有一段行程是搭乘輪船出海，抵達既定海域後，再沿著峇里島蔚藍的海岸線搭乘香蕉船。輪船上供應美味的Buffet，在工作人員的帶動下，來自各國的遊客們，包括我和哥哥，都隨著音樂一同輕鬆地翩然起舞。

印象深刻的是，我們全家人跟一對老夫妻，在郵輪上共坐一桌，生性開朗愛交朋友的老爸，開始用他台灣腔很濃的英文，和老夫妻聊了起來。

老　爸：Where are you from?（你們來自哪裡？）

老夫妻：We're from New Zealand.（我們來自紐西蘭。）

老　爸：Do you have children?（你們有小孩嗎？）

老夫妻：Yes, we had a son. But he died in a car accident few years ago.（是的，我們有一個兒子，幾年前他死於車禍。）

老　爸：I'm sorry.（我很抱歉。）

此時我看到老夫妻的眼眶蓄滿淚水，原本在輪船上歡樂的氣氛瞬間凝結，老爸的臉上一臉的尷尬與歉意，我想他一定不是故意的，但是短短不到三句的對話，馬上撩撥起老夫妻的傷心事，然而這也不是區區一句“I'm sorry.”（我很抱歉）就能撫平的傷痛。

十九歲時的我，第一次離開台灣，原本在自己的土地上，習以為常的日常對話，到了國外時，竟一不小心就擦槍走火，讓老人家勾起陳年傷痛，這也是老爸所始料未及的吧！這件事在我心中造成相當大的震撼與文化衝擊，也是我生平第一次感到所謂人與人之間的「界線」，是不能去任意踩踏與侵犯的。

在華人的社會中，「你的工作是什麼？」、「在哪裡工作？」、「從事哪一行？」、「一個月賺多少錢？」這類隱私問題，即使是初相識，從嘴巴裡說出來，也並不足為奇。

甚至更進一步的：「你結婚了嗎？有小孩嗎？幾個小孩？小孩多大？念哪間學校？什麼科系？小孩結婚了嗎？生小孩了嗎？爲什麼不生小孩？」各式各樣把人祖宗八代問得一乾二淨的話，在我們的社會，似乎都是司空見慣的事。

但並不是每個家庭都是那麼幸福美滿快樂，如同孟子所言，三樂中的一樂：「父母俱存，兄弟無故。」如果當事人父或母不存，兄弟有故，或者是遭逢鰥寡孤獨、離婚、失業中，即使是跟你不熟，甚至是初次見面，也要報告得一清二楚，彼此有熟悉到這個程度嗎？

而且通常會這樣問話的人，得到答案後，還要附加上自己的價值觀和評論，對你的私事指指點點，然後加上一句：「我這樣說都是爲你好！」

但是這就是我們華人的文化啊！有人說，「台灣最美的風景就是人」，但凡是有利就會有弊，水能載舟，亦能覆舟。台灣的人情味很濃厚，我們對他人投以同理心，你家的事就是我家的事，給予溫暖，所以外國遊客來，都對台灣人的友善印象深刻。但是人和人之間的關係若過於緊密，彼此的界線沒有把持好，有些人就誤把「好奇心」包裝成「關心」，美其名的關心，骨子裡卻是滿足自己想窺探他人隱私的私慾。

我就曾經深受其害。在從事教職期間，有一次我介聘到新學校，除了學校要求我們繳交一份戶籍謄本，裡面詳細記載個人資料以外，我並沒有告訴任何同事我是一位單親媽媽，當走在校園時，有一位跟我當時還不熟的老師，看到我劈頭就問：「妳的前夫是外國人嗎？為什麼妳的女兒長得那麼像混血兒，輪廓那麼深？」

我當時感到很害怕，才剛到一個新的職場，身心仍然處於戒慎恐懼的狀況，我問她：「妳從哪裡聽來這個消息？」她理直氣壯的說：「這不是大家都知道的事嗎？」這一句「這不是大家都知道嗎？」彷彿是五雷轟頂，不停在我的腦海中迴盪，事後回想，這位同事當下這樣說，可能是不想洩漏消息來源，但是我在初來乍到時，就受到如此大的衝擊與震撼，連當下的步履都踉蹌了。教育圈很小，尤其是校園內的話傳得特別的快，尤其是這樣的八卦。才甫任職沒多久，我的私領域就被大家拿來當茶餘飯後的閒聊話題，生性敏感的我走在校園裡時，總有一種如履薄冰的巨大恐懼感包圍著我，讓我很沒有安全感。

沒有錯，我離婚，我是單親媽媽，但是這跟我的教學、專業都沒有關係，有需要成爲同事們議論的話題嗎？我的前夫是台灣人，不是外國人，我的女兒五官深邃，不代表她是混血兒，或許有一天，你我交情夠熟了，我自然而然會告訴你。我認爲刺探他人私生活，作爲茶餘飯後的消遣，並到處在職場中散播，是一件損人又不利己的事情。

雖然這件事已經事隔多年，但是這件事對我身心造成的傷害之大，現在想起來，仍隱隱作痛。但是當我們身處在這樣的社會氛圍，大多數人仍然用這樣的思維模式在對話。當不回答顯得不近人情，又不想把自己的隱私一一暴露出來時，老爸的鈍感力哲學，就發揮作用了，他有一套打馬虎眼的功力，既可不傷害感情，又可自保。

舉例來說，老爸說，如果行走在路上，有認識的人問你，「要去哪裡？」如果你不想暴露個人行蹤，就回答：「去那裏！」然後牧童遙指杏花村，手隨便指一個方向，然後疾行而過，離開現場。

如果有人問你：「家中有幾個兄弟姐妹？」就回答：「很多個，有男有女。」其實想來也對，以老爸來說，父親全家包括他，總共有十二個子女，七男五女，一個個講，十隻手指頭也數不完，更何況我有兩個姑姑，四姑姑和五姑姑，於年幼時誤食大蘇打粉食物中毒而死，但對於不熟之人，眞的也不需要鉅細靡遺，將家中隱私一一秉實相告吧！

我又問老爸，如果有人第一次見面，劈頭就問「你結婚了嗎？」我該怎麼回答？身爲單親媽媽，這是我不想接招，卻又必須頻頻招的尷尬話題。這個也難不倒老爸，他說，妳就回答：「當然結婚了，不然怎麼會有小孩？」

當然仔細思考，還是會有邏輯上的瑕疵，也是有很多人，沒有經過結婚這個程序就有小孩的，不過在這種快問快答的過程中，搪塞給當事人一個他想聽的答案就好，沒必要深究。

我又問，如果那人又問：「妳老公在做哪一行？」

老爸說：「就在上班啊！」

我回他：「如果那人還不死心，繼續追問，老公在哪裡上班呢？」

他說：「我也不清楚耶！」老爸此時做了一個搔頭抓耳的裝傻動作，眞是笑倒我矣。

眞正尊重別人，有同理心的人，不會在交情不熟，甚至第一次見面的場合中，去探人的隱私，對於交淺，就無需言深，給他一個他想聽的籠統答案卽可。

除非是刑警辦案，在一般的日常對話中，關於人腦的機制，在對話的當下，常常是答話者有給一個答案就好，當下就過去了，或許當事人事後想起來，會覺得很空泛，那又何妨？對於愛探人隱私的人，往往透過日常對話，去得到對方情資，再運用自己無遠弗屆的想像力作爲調味料，繼續的加油添醋，讓八卦更加的色香味俱全，往往越離譜越聳動人們越愛聽，大肆散播出去時，也越有成就感。

所以對於這種人，給一個籠統的答案，蒙混過關，不得罪人，但是不透漏個人情報，這樣在缺乏素材的情況下，他就很難針對你來編織這個八卦了。

以我爲例，我畢業於台灣藝術大學的電影研究所，受過拍攝紀錄片的訓練，也拍攝過我個人的作品，並得過獎項，所以我了解紀錄片拍攝的過程。拍攝紀錄片前期要做的工作是田野調查，也就是對於你想拍攝主題，背景資料的研究，以及得到調查相關的資料與數據，第二個步驟，是拍攝素材（footage），最後再根據所拍攝的素材，組織成一個故事大綱（story board），然後剪輯成影片，影片中作者的旁白，以及敍事方式，就會呈現出導演的觀點。根據我個人的看法，拍攝紀錄片中，最不可或缺的一環，就是素材的拍攝，如果沒有素材，就無法剪輯成一部影片，八卦亦如是。如果沒有素材的餵養，八卦很難成形，就如同沒有素材的拍攝，要如何剪輯成一部紀錄片呢？

所以對於相識不熟，就想探人隱私之人，或者是面對好事者，喜歡製造，並且散播他人流言蜚語之人，老爸打馬虎的話路，可以打發這種無聊人，又不會傷害情感，樹立敵人，實在是我這種心思敏感細膩之人的救星啊！

1-7 不怕被感染的超強鈍感

大約在八年前，我和女兒去高雄拜訪一位好友，這位朋友家有許多空房間，好客的他，喜歡廣交好友，於是他提供了"Couchsurfing"（沙發衝浪）的服務。他將家中多餘的空間，如客廳的沙發或空房間，提供給來自世界各國的旅人，到台灣遊玩時居住，除了可以認識好朋友外，也是藉此提供文化交流的好機會。

那一次，朋友接待的是來自三位來自哈爾濱的女大學生，她們來到台灣當交換學生，爲期一年的學術交流，臨走前，決定到高雄一遊。

當天晚上，我們一起用餐，享受當地的快炒美食，之後我們回到朋友家，談天說地的聊，幾乎一夜無眠，因爲我們知道，過了今晚，或許今生也不會相見，所以特別珍惜彼此在一起的分分秒秒。

猶記得三位女孩提及的一件趣事，她們說，在台灣交換學生的時期，參加了系上所舉辦的烤肉，可能是由於烤肉的食材不新鮮之故，整個系上參加烤肉活動的老師與同學們，個個皆上吐下瀉，但她們三人卻沒事。她們不禁感到納悶，爲何大家都食物中毒，唯獨她們三人卻得以倖免？

其中一個女孩，打趣的說，是不是在台灣的食安意識較高，但在中國大陸的「黑心食品」相對較多，從小到大吃大了，所以三人練成了「鐵胃」，所以百毒不侵，即使吃了不新鮮的烤肉食材，也能倖免於難，說罷後，我們衆人就笑成一團。

雖然這只是我們在當晚，兩岸文化交流中的一個小小趣談，但是事後回想，也並非不無可能。

記得在前些日子不久，我們全家人到中壢著名的「張豐盛」吃了美味可口，冰涼沁心的花生芝麻冰淇淋，之後隨即到附近的麵店「瞎子巷」，吃了熱呼呼的湯粄條，可能是在短短的一小時內，一冷一熱間的急速轉換，湯粄條吃到一半時，我的胃就開始感到抽痛，並糾結成一團，感到非常的不舒服，全身冒冷汗，臉色泛白，整整休息了一晚上，一直到隔天的中午，才能勉強吃些清粥小菜。

當天老爸跟我一樣，吃了冰冷的花生芝麻冰淇淋，並且把一整碗熱呼呼的湯粄條全吃光光了，完全沒事，照吃照睡，維持正常生活作息。

八十歲的老爸，擁有此強健的「鐵胃」，能在短時間內吃冷又吃熱，事後又完全無礙，真是讓我既羨慕又忌妒。

老爸在健康上強韌的鈍感力，除了「鐵胃」一事外，還可以在另一事件上一窺端倪。

在 2011 年至 2012 年期間，我的哥哥由於癌末，住在安寧病房，老媽則是在洗腎時昏迷，氣切後住在呼吸照顧病房，約莫有一年的時間，家人們幾乎天天進出醫院，我總是會戴著口罩，但在我印象中，老爸則是從沒戴過口罩。

諷刺的是，總是戴著口罩的我，在那段時間還是得了感冒，但是沒戴口罩的老爸卻安然無恙。我不禁開始思考這個問題，我認爲在老爸的幼年時期，必定暴露在許多的微生物群當中，養成了他超人的免疫力。

如前言所述，我的祖父母共生育十二個子女，基本上在當時的時代氛圍下，小孩都採取「放養」的方式。

在物資普遍匱乏的 30、40 年代，在糧食普遍不足的情況下，一般的家庭能正常供給三餐給孩子，已是件了不起的事，自然無法有多餘的金錢給孩子購買餅乾糖果等當零食。

老爸回憶，在成長中的他常常感覺到飢腸轆轆，沒有零食吃的他總是在生活中找尋可以充飢的食物。他喜歡吃醃製橄欖，是風味獨特的點心。吃完果肉後，連中間的橄欖核都不放過，他會用堅硬的石頭，把橄欖核敲破，再吃中間的核仁，他說吃起來像杏仁，非常可口。

每當鳳凰花開的時節，艷麗鮮紅的鳳凰花結了滿樹，成熟後刀劍狀的褐色莢果掉落地上，國小時期的老爸也會撿來吃，把莢果敲開，吃裡面的種子，雖然吃起來淡而無味，卻也聊勝於無。

他這樣吃鳳凰花的果實持續了好一陣子，還大方地與同學一起分食，有一次因爲肚子餓，自己撬開了莢果獨吃了一整排的果實，回家下痢，肚子疼得非常厲害，祖母才帶他去看醫生，在醫生的問診下，老爸才坦承了吃鳳凰花莢果一事。

醫生對祖母說：「宋伯母啊！妳別讓妳的兒子吃鳳凰花的果實，有毒！」這才終結了老爸以有毒的鳳凰木莢果當零食的歲月。

不能吃鳳凰木果，肚子餓的問題還是要解決啊！老爸又想了新的計策，一樣是取材於大自然。

當時的台中師專，也就是現今之台中教育大學，位於民生路的正門，直至到位於民權路的後門之間，有一條清澈的溝渠，像護城河一樣圍繞著台中師專。

在三五好友的邀約下，老爸常常在中午時去台中師專的這條溝渠中釣青蛙。他從家中拿來麵粉袋，裁剪成合適的大小，麵粉袋的邊緣用鐵絲纏繞、固定，當成盛裝青蛙的容器。此外，他也準備好竹子，當作釣竿，捕捉十幾條肥滿的蚯蚓後，就可以出發去釣青蛙了！

老爸對我說：「每一條蚯蚓都能釣到兩隻青蛙。」

「怎麼說呢？」我提出了我的疑問。

老爸回答：「把蚯蚓撕成兩截，接著用線綁住牠的身體，牠會在水中拼命的蠕動，這是最好的誘餌，當貪吃的青蛙將晃動的蚯蚓『啊』一口吃下去，因為蚯蚓卡在青蛙的喉嚨，所以把釣桿拉起來時，青蛙就無處可逃，只能被我乖乖地釣上來。接下來，用手把青蛙從釣桿上解下來，放到麵粉袋裡，從中午釣到下午三、四點，一直到麵粉袋裡裝了滿滿的青蛙，在裡面喧嘩地叫著、跳著，就是我凱旋歸來的時刻了！」

回到家時，老爸將一整個麵粉袋的青蛙，交給擅長料理的三伯母，她將青蛙殺死後，去除內臟，用蒜頭、九層塔與醬油，替全家多加了一道美食，「九層塔煸炒田雞」，吃得一家子和樂融融。

除了釣青蛙外，老爸也常到柳川抓泥鰍。

老爸回憶：「從前的柳川溪水相當清澈，從樂舞台戲院延伸至火葬場那一段約一到兩公里，我和鄰居的小孩都穿著內褲在柳川裡游泳兼抓泥鰍。抓到的泥鰍，一樣是交給三伯母料理，妳三伯母會先熱油鍋、丟入蒜頭爆香後直接丟入活的泥鰍、蓋上鍋蓋，泥鰍在熱鍋裡會不停跳動掙扎，約二十秒以後，鍋內沒有動靜就開蓋、熄火。想起來過程是有些殘忍，但那泥鰍眞是好吃，外酥內軟！」老爸回想起當時仍回味無窮。

我認爲從小就常常與大自然爲伍的老爸，必定在幼年時就暴露在大量的微生物群中，而增進了他的免疫力，而我的推論也在《髒養》（Dirt Is Good：The Advantage of Germs of Your Child's Developing Immune System）一書中得到證實。

《髒養》由三位美國的頂尖科學家，傑克・紀伯特博士（Jack Gilbert Ph.D.），羅布・奈特博士（Rob Knight, Ph.D.）與珊卓拉・布萊克斯裡（Sandra Blakeslee）合著，書中提出了以下論點：

「盡可能地讓孩子接觸多樣性的微生物，帶他們出去與動物互動，允許他們在泥土、河流、小溪和海洋裡面玩耍，不要對所有他們會碰到或放進嘴裡的東西消毒殺菌。掉在地上的奶嘴是很好的例子，將奶嘴殺菌的話，孩子長大之後對食物過敏的風險會升高。」

基本上，祖父母對子女的放養方式，似乎完美地符合了《髒養》一書中，讓孩子盡量地接觸多樣性微生物的論點，雖然老爸與大自然的接觸，帶著那一絲絲的冒險成分在其中，例如誤食有毒性的鳳凰花莢果，但這或許也是造就了老爸「鐵胃」的原因。

在《髒養》一書中，作者也表示：

「當年幼的孩童與馴化的動物互動時，便有機會接觸到極大量的戶外細菌，來訓練孩子發育中的免疫系統。這也就是你應該要多去農場的原因。在農場長大的孩子，發生氣喘和過敏的風險較低。不同於那些黏著平板電腦的孩子，在戶外能充分地接觸花粉、植物、土壤和環境裡的細菌，這些孩子也較少有過敏反應。」

小時候在台中師專的護城河中釣青蛙的老爸，以及穿著內褲在柳川溪水中游泳，抓泥鰍的經驗，便讓他有很多的機會，能接觸到大量的戶外細菌，訓練他在發育時期的免疫系統。

老爸曾經回憶到，在民國六十幾年時，大專兵在成功嶺集訓的第一屆，有一位受訓的大專兵，因爲被蚊蟲叮咬，而感染了腦膜炎，最終竟不治身亡。這則新聞，當時轟動了整個台灣，因爲除了這位大專兵以外，在同一期受訓的營隊中，還有許多位年輕人，同樣也被蚊蟲叮咬，但是被叮咬的大專兵都沒事，唯獨這位年輕人得了腦膜炎，並且不治身亡。後來經過調查後才發現，這位年輕人的母親，在日常生活中對兒子呵護備至，她總是在兒子的寢室中掛上蚊帳、點蚊香，不曾讓他受過蚊蟲叮咬，兒子使用的餐具，生活中的用品，平日也都用酒精或高溫消毒，盡量保持在無菌的乾淨。但保護過度的結果，反而讓孩子的免疫力變得不健全，反而因此害了兒子的性命，恐怕是這位母親始料未及的。

《髒養》一書，也應證著此論點，作者在書中所言：

「一旦孩子服用過多的抗生素，或是過度清潔他們的生活環境時，那些負責照料免疫系統的維生素就蕩然無存了，少了這些微生物和牠們的產物，免疫系統就無法控制炎症反應，導致過敏和敏感症狀。」

作者也表示，「要確保寶寶和幼兒有能力控制炎症反應，就讓他們接觸多元的細菌世界，訓練他們的免疫系統去辨識自己和牠者的區別，並且提升他們控制炎症的能力。」

我相信出生在民國前四年、前三年的祖父母，一定不曾讀過《髒養》這本書，因爲此書出版於西元 2019 年，但是他們夫婦二人養育十二名子女的方式，卻與這三位美國頂尖的微生物科學家的理念不謀而合。

七年前，因哥哥與母親生病的緣故，我們必須頻繁地進出醫院，即使當時的老爸已經年過七十，仍然堅持不戴口罩的情況下，也沒有因此而感冒或被感染生病，我想老爸的免疫系統，一定在幼年時，被這些戶外的細菌，訓練得很強大，所以即使當他年老時，仍然受益於自身強大的免疫力系統，不輕易被病毒或細菌或感染，這就是強大鈍感力的一種展現啊！

1-8 對於老爸抽菸這件事

對於老爸抽菸這件事，我懷著很深的怨念，不管在車上、家裡、衣服、傢俱上，只要有聞到一丁點的菸味，就會燃起我滿腔的怒火。

我曾是個鼻咽癌患者，外加鼻子過敏，但老爸總是依然故我的抽菸，我認爲這代表他不愛我、他看重香菸更重於我的生命，因此我在他身上加上許多負面的形容詞，自私、軟弱、惡習不改、缺乏父愛，甚至母親到了生命進入末期時，叨叨唸唸的就是希望他能戒菸，但是他就是無法做到，這點更加深了我的怨恨。

「算了，年紀這麼大，抽菸的惡習已經跟了他幾十年了，放了他一把吧！」我總是這樣對自己講。「或許爸爸不是不愛我，只是他的意志力是軟弱的，所以戒不掉抽菸的習慣。」

內心的小劇場，不斷地演練。

我為了這件事，我曾經和老爸起過激烈的爭執，我緊握他佈滿著皺紋的手，逼問他，「對你來說，到底是香菸重要還是我重要？」被逼到牆角的老爸，無奈地說，「妳一定要這樣逼我嗎？當然是妳比較重要！」我放開了他的手，「那為什麼就是戒不掉？」這句話我在心中吶喊，沒能說出口。

有一次我無意中與姐姐聊到，「妳聞到爸的菸味，會有什麼感覺？會不會感到很生氣？」

「不會啊！我聞到菸味，就覺得很有安全感，就覺得那是爸的味道。」

對於姐姐的這個回答，我感到很意外，雖然是姐妹，從小一起長大，一同生活了幾十年，聞到一樣的菸味，心中誘發的感受是完全不相同的，我感到的是憎恨、厭惡，姐姐體會到的是熟悉、是安全感。

我開始思考，曾幾何時，我開始帶著負面的情緒來看待老爸抽菸這件事？

我記得小時候，跟老媽一起摺衣服時，她抱怨爸的衣服上老是有一股菸味，她說著老爸婚前不抽菸，但是婚後服完兵役，卻染上了菸癮，使她有一種受騙的上當感，早知道他會抽菸就不嫁給他了，老媽生氣的說。

大概從那個時侯，我就開始學會以老媽的視角，來審判老爸抽菸這件事了吧！

最近，我的腦海突然浮現起一段童年時的回憶。

當時的我只有兩三歲，爸爸一邊抽菸，一邊吹泡泡，他先吸了一口菸，把氣憋住，然後再吹泡泡，把煙霧包裹在晶瑩剔透的泡泡裡，泡泡不斷變大、成形，透明而五彩繽紛的泡泡，乘載著裊裊煙霧，在空中冉冉飛翔，泡泡破掉後，灰白色球狀的煙霧緩緩消散在空氣中。這個從無變有，從有變無的奇幻的過程，像魔術、像幻術，當時尚年幼的我，對世界充滿了好奇心，觀看爸爸結合抽菸與吹泡泡的過程，眞是大開眼界啊！當時充滿新鮮感的我，還一直不斷的要求爸爸，再吹一個菸泡泡，再吹一個菸泡泡吧！一直到老媽出面阻止，對老爸講述尼古丁對幼童的危害，才中斷了我和爸爸之間的菸泡泡歡樂時光。

當我還是孩子時，我對於老爸抽菸這件事，是不帶著任何情緒與成見的，這是我童年的美好回憶，我與老爸的歡樂時光。

在成長的過程中，我首先接受了老媽對老爸抽菸的批判，以及社會主流價值對抽菸行爲的不認同，接著我罹癌後，更加深了對父親抽菸這件事的怨恨，所以每當老爸抽菸時，我就把他當成了一隻過街老鼠，不停地對他喊打。

此刻，我只希望能開啓系統還原程式，還原到最初的自己，那個幼兒時的我，不帶著老媽對老爸的批判，不帶著他人的價值觀，不帶著自己生命中的傷痕，回到最眞實的自己，來看待老爸。

或許下次當老爸抽菸時，飄來的那陣煙成分仍然是尼古丁、焦油與一氧化碳所組成，但是我可以在心中選擇不同的解讀，我不見得要憤怒以對，那陣煙，可以是安全感的味道，也可以勾勒出，童年時那份屬於我和老爸的美好回憶。

第二章　母親

2-1 鈍感男追校花

我的母親家境優渥，是一位富家千金。外祖父早逝，外祖母從三十多歲就開始守寡，靠著經營皮件行的收入成爲商場上的女強人，並獨立扶養九個子女長大。

憑著聰明的腦袋與努力，老媽考上第一志願，初中與高中都就讀台中女中。其實憑著富裕的家庭經濟，她有上大學的條件，但是因爲外婆有重男輕女的觀念，認爲女生最重要的是「嫁好尪」，於是表明了不支持老媽上大學的學費，在別無選擇的情況下，老媽只好就讀公費補助的台中師專，現今的台中教育大學，而成爲老爸的學妹，如果外婆願意資助老媽就讀大學，我的爸媽就沒有機會能相遇，或許這一切都是命中註定。

當老爸回憶起第一次見到老媽的時刻，聲音中仍然充滿了甜蜜。在五〇年代，政府常常會動員學生在節慶時遊行，有一年在慶祝台灣光復節的遊行中，老媽在到達台中市政府廣場前休息時，從壬班跑到了癸班的隊伍與同學聊天，一旁的老爸一眼就注意到了老媽的氣質與美貌，並且目不轉睛地看著她，頻頻詢問身邊的友人那可愛的女孩是誰。他的好友張哲三先生恰好是老媽家的世家，於是他對老爸拍胸脯說：「想認識她嗎？包在我身上！」

於是隔日，張哲三就帶著老爸與一位黃文魁同學到老媽家登門拜訪。其他同學們都穿著台中師專的制服，只有老爸特別講究，穿著帥氣的西裝又打著領帶，非常老派的浪漫！

就這樣，穿著正式的西裝，在友人的引介下登門拜訪，落落大方的老爸對外婆自我介紹，說明想認識老媽的來意，於是兩人終於認識了彼此。

身為台中師專的校花，老媽個性開朗，追求者衆。當時老媽家中經營皮件行，店面位於台中市中心，家門口總是停滿了腳踏車，家中常常擠滿來找母親聊天的同學朋友們。

要怎麼在眾追求者中，獨佔鰲頭，贏得老媽的芳心呢？

煞費苦心的老爸，憑的就是四個字：「不屈不撓」！在追求過程中所碰的釘子，老爸都是完全忽略！

年輕時的老媽在講話時可說是非常的尖酸刻薄，印象中，她曾經和我提到，當初有一個追求她的男孩，是和她一同學習小提琴的同學，當時男孩曾經表態，如果追不到老媽，他寧願去死，老媽只冷冷回他一句：「那你怎麼不去死！」我想在追求的過程中，老爸一定也聽過許多老媽的酸言酸語，但是他一律採取忽略，讓這些不中聽的話，左耳進、右耳出，不把它們放在心上。

身為一名鈍感男，有一句名言很重要，叫做「烈女怕纏漢」，意思是說，就算再高傲的女子，也經不住男人的死纏爛打，不過老爸所採取的策略比死纏爛打更爲高招，而是經過細心的思考與分析。比如說他會算準老媽翹課的時間，在軍訓課上課前刻意經過腳踏車棚前，假裝巧遇老媽，製造邂逅的機會。

爲了增進與老媽相處的機會，生性活潑的老爸還特別邀請老媽一起舉辦了一場聯誼派對，老爸邀請台中一中的男同學們，女生則由老媽邀請女性好友們，大夥們一同到通霄海水浴場，在陽光下踏浪游泳。

當時的民風純樸，男孩們卽使穿著泳褲，也沒有袒露上半身，而是穿著白色的T恤，女孩們更是個個身穿連身游泳衣，包著一條大毛巾。

除了不屈不撓外，老爸還有一項其他人沒有的優勢，就是他擁有一副好歌喉。蓬靜宸老師是台中師專時期，發掘老爸聲樂才華的恩師，在蓬老師的訓練下，老爸也將他雄渾有力的男高音發揮得淋漓盡致，不但常常在校際間表演，更曾榮獲全國音樂比賽男生獨唱組的優異成績。頂著在舞台上的光環，在激昂的歌聲中，衆人掌聲的加持下，老爸終於成功吸引老媽的目光！

老爸就讀台中師專第一屆，老媽就讀第二屆，在雞蛋花香融融的校園裡，練唱著的老爸與旁聽的老媽，在一段段美好的歌聲中，開始了一段才子佳人的愛情。

在整理舊照片時，我找到一張老爸就讀台中師專時期的獨照，表情帥氣中帶著點稚氣，從黏貼式的相簿取下來時，竟在無意中看到他對老媽的熱情告白：「見物思人，永不分離」，並署名是「妳忠實的勇作上」，並附上日期。

在如此眞情的告白下，長相帥氣又有才華的老爸，終於得到了老媽的青睞，在老爸去當兵前，兩人訂了婚，許下了對未來的承諾。

於政工幹校服役期間，老爸的好歌喉也沒被埋沒，常在晚會中一展歌藝，也因而受到提拔，得到一個去義大利深造，攻讀聲樂研究所的機會，但老爸因爲愛情而放棄了——因爲老媽的追求者太多，他深怕從義大利回來後，失去了與老媽共締良緣的機會，因此放棄了這個深造的大好機會！

於是，鈍感男終於追到了校花，在澎湖外島服役完畢後的老爸，終於一償宿願，最終贏得母親芳心，抱得美人歸。

老爸老媽的結婚照。

老爸的好友們，從右至左，蔡英宗、黃文魁，以及張哲三，以及老爸。

在少女時代，家中經營皮件行的母親。

於台中師專就學期間，老媽的代步工具是腳踏車。

老媽（左四）生性開朗，在台中師專就讀期間，有她在的地方就有笑聲，她是大家的開心果！

由老爸主辦，在通霄海水浴場的派對，
左三為老爸，右四為老媽。

右一為老爸，露出一口燦爛的笑容！

老爸有一副好歌喉，常常公開演唱。

台中師專時期，音樂會合唱，右一為老爸。

（左）老爸在台中師專時期的獨照，梳著當時蔚為時尚的貓王髮型。
（右）老爸的熱情告白。

老爸與老媽的訂婚照，老爸開心得喜不自勝。

蓬靜宸老師，台中師專時期，發掘老爸聲樂才華的恩師。

台中師專畢業旅行時，於日月潭遊湖，老爸身後的同學是王金山先生，在老爸演唱時，王金山是跟他搭檔的鋼琴伴奏，畢業後留學美國，攻讀數學博士。

蜜月旅行時，同為老師的老爸與老媽於孔子像前之合照，意義非凡。

老爸與老媽結婚當天，老爸難掩雀躍的表情。

老爸老媽結婚當天的大合照。

老爸與老媽蜜月時的合照，攝於日月潭教師會館。

2-2 女先知的故事

我的外祖父吳福枝先生是一位日治時期的書法家，現在他的名字雖漸漸被世人所遺忘，但是在三〇與四〇年代，吳福枝的名號在書法界相當著名，因爲當時幾乎全台灣的書法寫字範本都是由他所撰寫，更重要的是，他是第一位通過日治時期文檢的台灣人，也因此奠定了他在書法界的歷史地位。

雖然出生於書香世家，家境富裕，但是老媽的童年卻過得非常坎坷，在六、七歲的時候，她感染了白喉，險些喪命，外婆爲了救她一命，將她送到台大醫院就醫，爲了付醫藥費，外婆賣了許多黃金，據說當時賣掉的黃金在當年已經可以買一棟樓房了。雖然付出了龐大的醫藥費，但是台大醫院仍宣布無法救回她的生命，還請家屬將病患帶回家，當時年紀小小的老媽穿著華麗的和服，十隻手指頭都戴滿了金戒指，躺在床上，不知何時死神會降臨。她的奶奶看到了孫女躺在床上在等死的模樣，就喃喃自語地說：「佛菩薩啊！如果這個孩子這麼難晟養，就乾脆把她帶走好了！」據說已經瀕臨死亡的老媽，聽到阿祖這樣一說，開始哇哇大哭，自此開始吃喝恢復了生命力，外婆說，老媽也是一個好勝心強，倔強的孩子，不願就這樣死去。

從死神中逃過一劫的老媽，似乎遺傳到了她父親優秀的基因，從小成績就很好，深受外祖父的寵愛，只可惜深愛她的父親在她十一歲時就過世，使她從小小年紀就嚐到身爲一名孤兒，沒有父親依靠的不安全感。

或許是因爲年幼時喪父，再加上童年時曾罹患白喉，經歷過九死一生的過程，養成了老媽高度敏感的個性，在我的記憶中，她極度憂慮，不論什麼事情，她都會往最壞的可能去想，更糟糕的是，她預言的事，往往又會成眞。

印象很深刻的一次，是在我小時候，有一個晚上老爸直至深夜還沒回家，老媽一直焦慮地來回踱步，口中喃喃自語的說：「出事了，一定是出事了！」過不了多久，我們就接到了醫院打來的電話，告訴我們老爸在深夜時騎車，因視線不清，撞上了安全島，撞斷了一根肋骨，送到中國醫藥學院急診室治療中。

老媽神經質的個性，高度敏感的體質，讓我聯想到希臘神話《木馬屠城記》中的女先知卡珊卓（Cassandra）。卡珊卓是特洛伊的公主，天神阿波羅因爲愛上其美貌，於是給予她預知未來的能力，但是因爲她拒絕了阿波羅的愛，身爲天神，給出去的超能力不能收回來，於是阿波羅加上一條但書：卡珊卓具有預知未來的能力，但是沒有人會相信她所說的預言，這就是心理學上所說的卡珊卓情結（Cassandra complex）。而在我看來，老媽似乎便具備了卡珊卓情結的特質：她知道壞事卽將降臨，卻又無力阻擋悲劇的發生。

由於受過高等教育，又非常注重養生，老媽年輕時就對防癌不遺餘力，熱食包在塑膠袋裡，她是絕對不會容許，因爲塑膠袋遇熱會釋放致癌物質；用木炭烤得香噴噴的香腸，正要大口咬下時，她就會大聲疾呼：「香腸有亞硝酸鹽，會致癌！」

馬上把你的食慾驅趕得一乾二淨。

一生防癌不遺餘力的老媽，卻在五十歲時罹患了大腸癌。她在經歷癌細胞切除的手術時，曾經有靈魂出竅的經驗，根據她自己的回憶，她的靈體漂浮到手術室的上方，觀看著手術室的醫師與醫護人員們，以及躺在手術台上的自己，在經歷了六個小時的手術過程，生死交關之際，她見到了已過世的親人們，包括外公、大舅、二舅、么姨以及小舅舅，以外公爲首，心疼老媽在人世間受病痛之苦，於是主張將她接走，但是大舅認爲孩子們還小，老媽在人世間的職責未了，應該留在塵世將責任完成，於是已逝的親人們分成兩派進行拔河，分別拉扯著老媽的雙臂，兩方勢均力敵，拉扯著好長一段時間，終於大舅那一方勝了，老媽瞬時像墜入五里霧中，驚醒於手術恢復室中。

經過了手術與化學治療，老媽存活了下來，卻也因爲這樣，她很容易感到疲累，一疲累時她總是臥病在床，所以自從我十七歲以後，對老媽的印象，就是躺在床上居多，她會躺在床上閱讀，讀她所喜歡的小說，帶著微笑和你聊天，有時，我會躺在她身邊，她就會從後面抱住我，然後說：「母猴抱小猴！」從小時候她就時常這樣抱住我，這就是老媽對我愛的表現。

我記得每次要離家前，我都會走到床邊，告訴她我要出門了，這時她就會用很憂慮的神情告訴我：「出門要小心！」那種表情，就好像是她擔心我出門了就不會再回來了一樣。

身爲女先知，老媽的預知能力曾救回我一命。我十九歲那一年，就讀五專國貿科，因爲在準備插班大學的考試，有半年的時間我都熬夜念書，因爲長期的睡眠不足，壓力過大，我在晨起刷牙時，吐出了一些粉紅色的血液。老媽知道了我的狀況後，一直逼迫老爸帶我到醫院檢查，原本老爸不以爲意，但是在她的強行逼迫下，不得不帶我去耳鼻喉科檢查，檢查出來的結果，竟然是鼻咽癌！

在刷牙時，有微量的出血，是一般人很容易忽略的跡象，但是由於老媽的女先知高敏感體質，她察覺事有蹊蹺，雖然她無法改變我罹患癌症的事實，但是她卻能觀察到細微的蛛絲馬跡，來阻止事態的惡化，幫助我早期就醫並順利痊癒，因爲早期發現的緣故，癌細胞沒有嚴重的擴散，於是在放射線治療後的我，保住了一條小命，這都得要感謝老媽啊！

老媽的一生都在造福家庭與孩子，她的興趣很簡單，就是當個「綠拇指」，幾乎所有的植物在她的巧手下都能綠意盎然的活著，記得舊居於台中時，常常在早晨時陪老媽到東海大學散步，她對植物的知識很淵博，總是能說出各式花草的名稱，以及它們的藥用及療效。

閒來無事時，她就會烹調各式的養生食品，像有一陣子，姐姐患了B型肝炎，老媽知道蘆薈可以治療B型肝炎後，她對於蘆薈便興起極度的狂熱，「蘆薈生食沾蜂蜜」以及「蘆薈蜆湯」等等，蘆薈的身影，總是頻繁的出現在我們家的餐桌上。

老爸老媽各自就讀於台中一中、台中女中，之後又畢業於台中師專，兩人皆在國小任教，育有三個子女，兄姐與我。兄姐分別大我十一歲與十歲，哥哥姐姐聰明伶俐，成績也非常優異，當時在親友的眼中，我們家是所謂的「模範家庭」，一切是如此的美好，一直到我五歲的那一年，美好的世界卻突然天翻地覆。

可能是因爲學業壓力過大，我的兄姐罹患了身心疾病，全家陷入烏雲罩頂的痛苦中。聽老爸形容，當時老爸和老媽常在深夜裡一起抱頭痛哭。之後陪伴兄姐治療、上百萬的醫藥費、旁人異樣的眼光，各種流言蜚語，一路走來的煎熬，使爸媽痛徹心扉。

老媽白天於國小任教，一下班就烹煮晚餐，操持家務，還要擔心一雙兒女，心中又充滿自責，她像是兩頭燒的蠟燭，過度耗損自身的健康。然而命運之神並沒有饒過老媽，經過了大腸癌的打擊後，在五十九歲的那一年，她又歷經了腎衰竭，而必須要洗腎，這一洗就是十四年。

這十四年中，老媽又歷經了許多次的大手術，遭逢九死一生，然而這位女先知，我的老媽，卻因爲對子女們放心不下，以強大的意志力活著，直到七十三歲才過世，可見母愛的力量是多麼的偉大！雖然母親已離開人世，但是每當我閉著雙眼，我就能感受到她的愛，是如此的如影隨形的陪伴我，彷彿她就像從前一樣從背後抱住我，輕聲地在耳邊告訴我：「我們是母猴抱小猴喔！」

在母親剛去世時，我內心的情緒是壓抑的，因爲忙於處理她的後事，以及辦理各式文件，一直到三年後的某一天，我到傳統市場去買菜，想起小時候，母親帶我到中華路的市場去買菜，當時只有三、四歲的我，菜市場像是個花花大千世界，令我眼花撩亂又充滿好奇，穿著制服的阿姨兜售著養樂多，在擁擠的人潮中，我緊緊的牽著母親的手，她的手握起來總是如此厚實又帶著有點濕潤的，往地上看去，在深藍色的塑膠盒中，結塊的殷紅色豬血泡在清水裡，還有晶瑩剔透的乳白色鴿子蛋，母親輕柔的呼喚著我的乳名：「小燕子，想吃什麼？跟媽媽說，媽媽煮給妳吃！」

一直到那一刻，我才深刻地意識到母親從小對我的照顧，愛與疼惜，以及她已經離開我的事實，當時天空下了一陣雨，手中拿滿菜的我，站在雨中，分不清臉上滑落的是雨還是淚水……

外祖父母的結婚照，攝於民國二十三年。

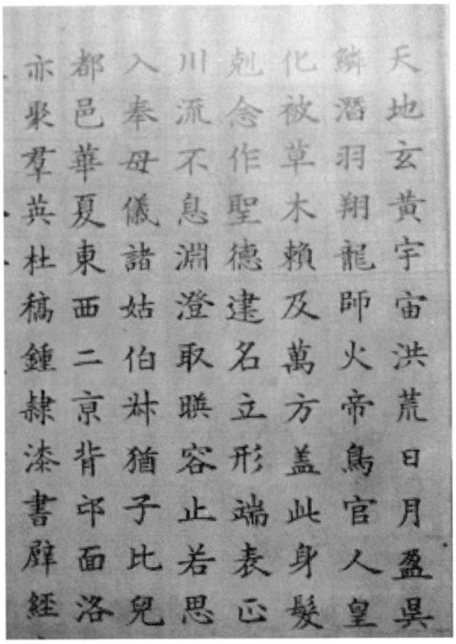

（左）日治時期書法家，我的外祖父吳福枝先生。
（右）吳福枝作品《千字文》。

吳福枝先生之家庭照，右為三女芬媛（我的母親），中間為長女綾女，前排左為二女鶴齡；後排左為我的外祖父吳福枝先生，中間為長子起民，右邊是我的外祖母吳黃瑞鳳女士。

我的老媽，她是一位犧牲自己，照顧家庭的女性，作為母親，她的形象是完美的，是家中愛的守護者。

訂婚時嬌羞的母親。

母親於中學時期照片。

（上）老媽抱著襁褓中的哥哥。
（中）老媽餵食著年幼時的姐姐。
（下）老媽抱著正在牙牙學語的我。

於永安國小任教期間的合照，老媽為二排右一。

老媽是一位受人敬重的好老師，對學生富有愛心。

2-3 老媽 VS 三姑媽

我從小到大，三姑媽與我們一家一直保持著密切的來往與互動，但是老媽卻始終和三姑媽彼此互相看不對眼，然而姐姐的濃眉大眼的五官與恣意妄爲的個性，又與三姑媽很相像，所以有時姐姐只要惹老媽生氣了，老媽就會對她說氣話：「妳不是我和爸爸生的啦，妳是阿嬌（三姑媽小名）生的小孩啦！」

老媽是一位非常傳統的女性，將自己的一生奉獻給家庭，遵從著古訓中的「三從四德」中對女性的規範，但是三姑媽卻恰恰相反，自由自在的活著，完全不遵從社會對女性的規範，三姑媽的言行看在老媽的眼裡，自是感到相當的刺眼與難以接受，因爲完全違反老媽從小就接受且遵循的教條。

兩人彼此互相批評，三姑媽認爲老媽太過冷靜，過分壓抑情緒，有點虛假；相反的，老媽則認爲三姑媽在情感和語言的表達上過於大鳴大放，根據她的價值觀，三姑媽就是一個「壞女人」。

三姑媽的一生，過得非常的隨心所欲，想吃就大口吃，想罵就大聲罵，絲毫不猶豫，十分的愛恨分明。

聽老爸說了幾個三姑媽的事蹟，其一是三姑媽在少女時期，帶了幾個弟妹去看電影，根據當時電影院的規定，五歲以下的小孩不須購票，就可以隨成人入場，於是三姑媽一人帶了六、七個小孩，當時售票的小姐，白了她一眼，咕噥了幾句：「沒錢就不要看電影！」性格暴烈的三姑媽怎堪得此等羞辱，回嗆她：「妳有膽就再說一次！」售票小姐也眞的大聲的重複：「沒錢就不要看電影！」三姑媽立刻賞她一記熱辣辣的耳光，還一直鬧到戲院經理出來道歉陪不是，她才洋洋灑灑地帶著一班弟妹進戲院開心地看戲。

第二件事蹟，是發生在老爸高中的時候，地點很巧也是在戲院。老爸跟三姑媽約好了要去看電影，在電影院門口會合，當時老爸穿著學校制服，正將腳踏車停好時，無意中輕微地碰撞到隔壁的一台嶄新的速可達機車，此時機車的主人，一個三、四十歲的中年男子，朝老爸來意不善的走來，揪著老爸胸口的衣領，大聲嚷嚷著要他付一筆高額的賠償金，當時老爸一直向他賠不是，但是對方絲毫沒有要放過他的意思，反而想把事情鬧大，跟老爸要錢。

這時，三姑媽遠遠地走了過來，推開那名中年男子，以其人之道還治其人之身，一把重重地揪住他的衣領，在路上一路拖行他，並揚言要把他拖到憲兵隊，要憲兵來評評理。此時的三姑媽已有點中年發福，力氣奇大無比，嚇得那個中年男子不停道歉，直喊對不起，並快步的逃離了現場，再也不敢提賠償金一事。

以上兩件事蹟，都是從老爸口中得知，我自己倒是也有親自見證過三姑媽的慓悍個性。在五專畢業準備插班大學考試期間，有一段日子我寄住在三姑媽台北的家中準備考試。一天有個年輕人上門來推銷電視消除藍光的護目鏡，講得天花亂墜，並強調有一個禮拜的試用期，如果試用後不滿意，可以不買，他絕對不會有絲毫刁難。後來一週後，推銷的年輕人，上門來收貨款，三姑媽婉拒了他，因爲試用後覺得效果沒那麼好，決定不購買。沒想到年輕人馬上翻臉，在三姑媽面前耍流氓，威脅她如果不買，就讓她好看。

年輕人萬萬沒想到，眼前這位和藹可親的老婦人，馬上變臉，她要我去廚房拿最鋒利的菜刀來，她要好好地教訓這個銷售員，明明講好有一週試用期，卻說話不算話，我當時感受到三姑媽那吆喝的氣勢，感覺不是鬧著玩的，嚇得我雙腿發軟，更不敢去拿菜刀來給他，那耍流氓的推銷員最後連護目鏡都不敢要回來了，夾著尾巴嚇得逃之夭夭。

據說，三姑媽在少女時期非常美麗，素有「黑肉嬌」的名號，雖然皮膚有點黝黑，但是五官非常深邃而艷麗，卻因爲在飲食上不節制，在少婦時期發胖，一路吹氣球似的胖到了超過一百公斤。

或許三姑媽眞的是個「壞女人」，但是我認爲她「壞」得有理，勇敢地做自己，言人所不敢言，行人所不敢行，三姑媽念的書不多，我想她或許沒有機會接觸到女性主義的思想，但是她的一言一行中，卻眞眞切切地活出了女性主義的典範與價值，以及解脫了社會對女性的束縛與規範！

沒想到這兩位互看不順眼的女性，竟然都遭逢到一樣的命運——洗腎。老媽在老爸細心的照顧下，恪守著洗腎者的「少油、少鹽、少糖」規範，在飲食上極端克制，老媽過了十四年的洗腎生涯才離開人世，三姑媽則是度過了七年。

然而，就算惡疾纏身，她仍然想吃什麼就吃什麼，百無禁忌。比如說，她很喜歡一家位於台中市三民路的「有智老麵店」，尤其是雞捲，每次回台中娘家，她都會打包一千元的雞捲回台北一飽口福。

在三姑媽洗腎七年後，有一次在好友的相約之下一起上山唱卡拉OK，大啖麻油雞，回家後心情愉快的聽著收音機，聽到一半，家人來叫她起來吃飯時，才發現她過世了。

從小到大，三姑媽都相當的疼愛我，對我照顧有加。我相信我身上除了老爸、老媽的 DNA 以外，我必定也流著三姑媽的血液，平時的我是溫文有禮，如同老媽，但一旦被欺人太甚，踩到底線，我瞬間就會化身成如同三姑媽一般，性格暴烈的「女浩克」，大聲咆哮。

隨著年歲漸長，六年前老媽離世後，我開始發現，就算我最愛的人是老媽，也不代表我必須完全地依循著她的價值觀來看待所有的事物，並照單全收，例如老爸以及三姑媽雖然遭到老媽的否定，但我身為一個獨立的個體，有權以我自己的觀點來詮釋事情，包括重新看待老爸抽菸的習慣，或者是正面肯定三姑媽愛恨分明的性格，我可以同時肯定老媽為家庭的貢獻與偉大，同時也認同三姑媽的一生，活得既自在又瀟灑！

我們一家人與三姑媽的合照，最左邊的是三姑媽，她懷中抱著的是姐姐。

三姑媽向來很疼愛我，在這張照片中，她懷中抱著的就是我。當天是參加堂哥的婚禮，我擔任的是婚禮中的小花童。

2-4 從沒說過老婆壞話的男人

自有記憶以來，我從不曾聽過老爸說過老媽一句壞話，或是對她有任何不滿，倒是從小聽著老媽批評老爸到長大，老媽認爲老爸沒有責任感、爲追求自己的夢想棄家庭於不顧、與朋友一起鬼混享樂，把家丟給她一人照顧，是非常自私的行爲。

老爸是一位鈍感男，在高敏感的老媽眼裡看來總覺得他非常遲鈍，做事情「憨慢」，缺乏對事情的危機意識，並批評老爸「憒憒」，就是閩南語中「糊里糊塗，頭腦混沌不清」的意思。

在我童年階段，老爸在家庭生活中有十多年是扮演缺席的角色，於是我就擔任起「母親情緒配偶」的角色，長期以來，由於老媽的抱怨，我也自然而然被她的思想所影響，認為老爸是一個沒有責任感、自私、「憨慢」，並缺乏危機意識的人。站在老媽的觀點，以她的視角對他進行批判，而這份批判，竟然在自我沒有覺察的情況下，長達三十多年。

直到我閱讀到渡邊淳一的著作《鈍感力》，才開始試著以全新的視角觀看老爸。老爸的種種特質，似乎完美的詮釋了鈍感力。由於童年與青少年時期的勞苦，養成老爸在體能上的強壯，而發展出感官以及人際關係中的的鈍感力；在生命初期經歷過「髒養」的階段，暴露在大量的微生物中成長，而使他的免疫系統強大，養成不易感染疾病的體質。所謂水能載舟，亦能覆舟，老爸的特質，在老媽的眼中或許是缺點，但是也這份鈍感力的特質，讓老爸的生命走過八十載，歷經滄海桑田，以及歷經種種人生中難以承受之痛的情況下，仍然屹立不搖，不但身體上依然健朗，並保持心態上的樂觀與豁達，這都是拜老爸所擁有的鈍感力特質所致啊！

有一次，老媽對老爸的不滿累積到了頂點，竟到外婆面前去告狀，訴說他的種種罪狀，晚歸、對家庭疏於照顧、貪圖玩樂，以及有時喝到醉醺醺才回家等等，對此老爸也不生氣，反而是以寬大的心胸解讀爲，人都是記得壞的，好的都不提，他對外婆說：「就好像天天吃魚吃肉，只要一餐吃得較差，就記在心上了！」老爸平日對老媽的好，她從不掛在嘴上，但只要有一點小事讓她生氣了，她就會拿來說嘴，聽了老爸的解釋後，外婆也釋懷了，再加上老爸平日也是個孝順的女婿，常常在丈母娘面前噓寒問暖、關懷備至，所以外婆也樂於當個和事佬，在外婆的勸說下，才慢慢的將老媽的怒氣給撫平了。

在丈母娘的面前說自己的壞話，可說是犯了婚姻中的一個大忌，如果是心胸不夠寬大的男性，早就感到勃然大怒，並掀起一場爭端，但是老爸只是笑笑地跟外婆解釋，一點生氣的意思都沒有。

我印象中的老爸就是這樣子，即使老媽爲了一些小事對他爭論不休，甚至講一些尖酸刻薄的話語，老爸也不曾動怒，每每都是輕聲細語的解釋，試圖安撫她的情緒，如果他眞的生氣了，最大的限度就是保持沉默。在我有生之年，從來不曾聽過老爸對老媽大聲咆哮，或是說些不中聽的話，在他心中，都是將老媽當作是公主般的嬌寵著。

老爸溫和的對待著老媽，以及在他身邊的人。這一點，在我所欣賞的作家春山茂雄眼中，也是項良好的特點。

春山茂雄是日本的一位醫生，雖然已經七十一歲，但經科學儀器檢測，他的身體年齡只有二十八歲，在他的著作《新腦內革命》，他提出有益身心腦的四十六項祕訣中，其中有一項就是「溫和待人」，在《新腦內革命》一書中提及：

「情緒和平穩定的時候，體內會分泌β內啡肽（B-endorphin）、血清素等愉悅荷爾蒙，對方的大腦也會因爲你溫柔的眼神，而分泌出安心的時候才會出現的β內啡肽，這樣的互動就好像不需要物質的贈與也能行布施，能如此能耐大概也只有人類才辦得到吧！用眼神療癒，又可以讓自己的身心受益，何樂而不爲呢？」

以溫和的態度對待別人，不但使身邊的人感到如沐春風，這背後的機制，是因爲當事人溫柔的眼神，使對方分泌出β內啡肽，而感到安心，而自己在情緒穩定時，也會分泌β內啡肽以及血清素等愉悅荷爾蒙，可以說是利人又利己，使雙方都能受益，而且最終的受益者，是自己的身體啊！

此外，老爸對髒亂的容忍度也很高。

老爸白天工作，晚上念藥學系，母親除了上班外，還要養育三個子女，家裡面無法整理得很乾淨。老媽的強項是唸書，不是操持家務，外婆三十幾歲時就守寡，一個女人家，靠著經營皮件行，獨立養育九名子女長大，光皮件行的生意就讓外婆相當忙碌，所以家務事由女傭打理，所以老媽從外婆那裏，也無法傳承到打理家務這一部分。

印象中，老媽整理環境的方式，就是把雜物塞在抽屜裡，眼不見爲淨，表面上環境看起來似乎堪稱整齊，但是其實抽屜中是雜亂無章，生活中的日用品，常常是找不到，或者是在家中沒有固定位置的。

小時候因爲浴室的環境十分潮濕，我曾經看過浴室的木屐上，長出了三、四朵的蕈類，每次使用浴室時，都像在觀察蕈菇的生長史，從剛開始鑽出個小頭來，慢慢地成長、茁壯，長成七彩斑斕，到最終自然凋零。

老爸從沒嫌棄過母親不擅家務，雖然整理家務是全家人的責任，但是在華人社會中，許多父權至上的家庭中，有許多男人認爲做家務完全是女人的責任，跟很多沙文主義的男性比起來，自己下班後可以放鬆休息，卻認爲做家務都是女人家的事，自己不動手幫忙，卻又對太太指指點點，嫌東嫌西，老爸跟這些男人相較之下起來，可說是強多了！

在渡邊淳一《鈍感力》一書第九章談及維繫婚姻生活，闡釋道：「人們常會把幸福婚姻掛在嘴邊，年長後常會有意味深長的感慨，『和你共度一生眞太好了』，其實那都是經過漫長的忍耐才得出來的結論。我們不要忘記，在夫妻雙方互相容忍的背後，是出色的鈍感力一直在支持和守護著他們。」

正因爲由於老爸對老媽強大的愛，讓老爸產生了鈍感力，因而能容忍在婚姻中那些大大小小的摩擦與不愉快，因而兩人的共度婚姻，在患難中見眞情，攜手結縭五十載。

我的外婆，吳黃瑞鳳女士，三十多歲守寡，一個人靠著經營皮件行，將九名子女養育成人，外婆一直活到九十七歲過世，總是衣著端莊，挽著優雅的髮髻，身上散發著香味。

老爸與外婆的合影，攝於台中公園湖心亭前。

老媽與家中店員，攝於外婆所經營的皮件行。

老爸是孝順的好女婿，經常跟外婆噓寒問暖，並開車載外婆四處去兜風。

早期的全家福照，此時我還沒出生，照片中是老爸、老媽，哥哥與姊姊。

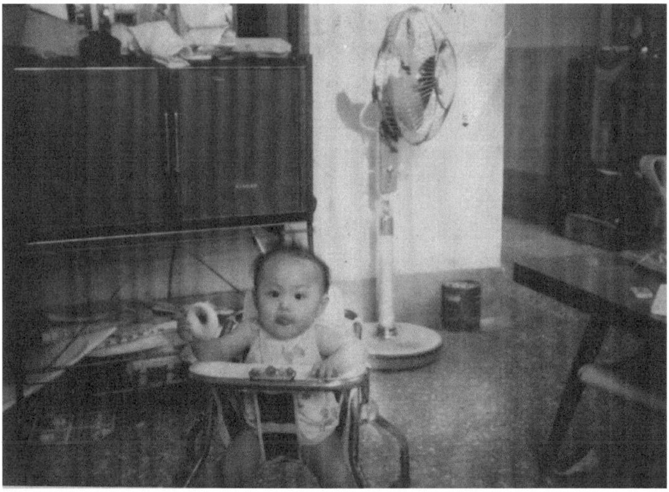

照片中坐在學步車中的小嬰孩是我，可以看得出來家中環境並不是很整潔，但老爸從不曾為此跟老媽吵架，因為他知道老媽已為了家庭盡心盡力，不會因此苛責。

老爸就讀中國醫藥大學藥學系期間，與教授藥物概論的黃占甲教授合影。

老爸協助三舅創業，並一同經營位於台中市中山路的大協藥局。

結婚後老爸發福，一度被人以為與老媽是父女。

老爸（右一）老媽（右三）與擔任員林村村長的二叔公吳福順先生（左一）一家人的合照，攝於台中市大雅鄉，當時老爸任教於大明國小。

2-5 鈍感力與健康——恐怖之夜

鈍感力之於健康，有著密不可分的關係，以下我要討論的事件，就是一個最佳的例子。

我認爲老爸的鈍感力中，最強大的一面展現在睡眠上：無論在何種情況下，他都能很輕易地入睡並熟睡，這讓人相當佩服！

在我就讀大學三年級的那一年，媽媽的健康突然急轉直下，不斷地嘔吐與頭暈目眩，我們當時以爲是她大腸癌復發，但是經診斷後發現是腎臟衰竭，狀況非常嚴重，曾經有一度全家人都以爲將要失去她了。患有心理疾病的姐姐，更因爲無法承受要失去媽媽的恐懼而發病了。

我們的家庭瞬間面臨兩個考驗，一方面是腎衰竭性命垂危的媽媽，另一方面是心理疾病發作的姐姐，我記得有一天媽媽在二樓嘔吐，痛不欲生，姐姐則在三樓歇斯底里的咆哮，身爲一家之主的老爸，情緒激動的直奔三樓，我和哥哥則緊跟在後，爸爸和姐姐隔著一扇門對罵，父女倆推著一扇門角力著，後來姐姐惡狠狠地對爸爸摔門，他試圖破門而入，但是憑著一股蠻力，姐姐將爸爸鎖在門外。爸爸痛苦的情緒整個堆高到一個極限，當時他手抓著一大串鑰匙，以肩膀爲軸心，在空中畫了三到四個大圓圈，然後聲嘶力竭地吼叫著，「妳再這樣拖屎連（台語），把我逼急了，我就拿菜刀把你們噗噗死（砍死），然後再自殺！」

這應該是有生以來我聽過爸爸說過最重的話了，不過因爲動作與台詞太戲劇化，在事過境遷的幾年後，常常成爲我和哥哥模仿的內容，每每引起家人的哄堂大笑，但唯一笑不出來的就是爸爸了。

在我們把心理疾病發作的姐姐送到醫院就診後，大家就開始專心在處理媽媽的腎衰竭。住院後，台中榮總的腎臟科爲媽媽進行腎臟切片，但是因爲切片的範圍過大導致出血不止，一天內媽媽昏迷三次，醫院也在一天內，對我們發出了三次病危通知書。

當時是大學生的我，身兼英文家教，家教的對象是一個叫Bonnie的可愛小女孩，她在情感上相當依附我，但是因爲媽媽生病，我已經連續兩禮拜沒去替她上課了，後來Bonnie的媽媽打電話來求我，她說Bonnie因爲思念我而哭鬧不休，希望我去替她上課，我因Bonnie媽媽的央求感到不忍心，於是答應當天去上課，但是沒隔幾分鐘就接到爸爸的電話，他要我馬上趕到榮總，我跟他說，剛剛答應家教一事，後來爸爸怒吼，「妳媽媽快不行了，妳馬上給我過來！」我聽到電話中，整個護理站慌亂地奔跑聲夾雜著喊叫，我聽到了幾個關鍵字，「病患大出血」，以及「電擊器準備好」，我知道老爸所言屬實，馬上乘上了計程車，驅車到榮總。

到了病房後，我見到了老爸與哥哥，以及躺在病床上的老媽，當時有一個身形壯碩的胖醫生，正在替媽媽急救，陷入昏迷狀況的她，在胖醫生的搶救下終於恢復了意識，但過沒多久，又開始大出血，這一次進入病房的，是兩個主治醫生以及整個醫療團隊，他們一邊幫媽媽急救止血，一邊對話著，「怎麼辦，一直出血不止？」另一個醫生，「不知道，方法都用盡了，且戰且走！」

從主治醫生口中說出「且戰且走」這四個字，眞的是嚇得我心都慌了，脊椎骨有一股涼意緩緩地往上爬，當醫療團隊走出診間時，我從後頭追上去，請問主治醫生們關於媽媽的病情，他們說媽媽大出血的情況很危急，所能採取的止血措施都用盡了，但仍出血不止，他們也不知道該怎麼辦。我問他們，「那身爲家屬的我，能爲媽媽做些什麼？」他們說，今晚是關鍵期，我唯一能做的就是不停的跟老媽講話，保持她意識的清醒，這樣她就有活命的機會。

於是我回到病房，先把自己的心穩定好，開始不停的跟老媽聊天，媽媽因爲陷於昏迷中，說話的聲音和音調跟平常都不同，平時溫柔有禮的她，說話總是輕聲細語的，但是當時她的聲音，卻變得像男人一樣，粗啞而低沉，連喊老爸的名字也變成連名帶姓的叫喊，好像變成另外一個人似的。我壓抑心中的恐懼，我、老爸與哥哥，不停的找話題跟媽媽聊天，聊學校、聊家中瑣事，就是不讓老媽再度陷入昏迷。

期間，我說了一個有關於四阿姨的笑話，說完後，媽媽沒有任何反應，我問她，「我說了一個笑話，妳怎麼沒有笑？」幾秒鐘後，媽媽用粗啞低沉的男子聲回覆我，「聽過了！」

平日充滿著幽默感的媽媽，即使在昏迷的情況下，仍然不失她的喜感。

那一整晚，老媽都沒有脫離險境，醫護人員來來去去，她不停地出血，整個病床上、地板上都沾滿了老媽的血，我們三人就這樣不停的跟她說話，陪伴了媽媽一整夜，一直到天際破曉之時，媽媽的大出血奇蹟似的止住了，我還記得當時穿著黑色牛仔褲的我，全身虛脫般地靠著牆，跌坐在沾滿咖啡色血漬的地板上喘息著。

後來我才知道，老媽止血的原因，是因為醫生對她注射了大量的女性荷爾蒙，這是其中一位主治醫生閱讀了一篇在醫學期刊上的報導，對於後續的副作用爲何，以及該如何處理副作用，他也不確定，因爲當時處於「死馬當活馬醫的狀態」，他才鋌而走險的採用。

我本來以爲老媽大出血昏迷的那一晚，已經是最糟糕的狀態，沒想到這只是開始，最糟糕的事情還在後頭。一旦停止出血，醫院就急著讓我們辦理出院回家，我推測是醫院很怕老媽在住院時身亡，而引發後續的醫療糾紛。

施打大量女性荷爾蒙的老媽，像變了一個人似的，行爲舉止跟以往都不一樣，她開始有了一連串的幻覺，而且往往都發生在三更半夜。

那時，老媽和老爸的房間、我的房間都在二樓，而哥哥姐姐則是睡三樓。當時是夏天，我房門是開的，門口放了一台大電風扇。恐怖之夜的序幕，則是在風扇倒地時的砰然巨響所揭曉，熟睡的我被驚醒，看到雙手伸直的老媽像僵屍一樣的走入我的房間，她茫然的坐在我的床邊，告訴我：「我睡不著，我看到好多的蝙蝠、天蛾，各種恐怖的東西。」然後我就開始陪著她，整夜一一的去尋找，直到天明。

因爲我們住的是個老房子，所以在牆上、天花板會有一些污漬，經老媽手指一指，那些污漬的形狀，眞的還滿像她形容的蛾類、蝙蝠或是骷髏頭。就這樣，夜夜陪伴媽媽找怪的日子持續了兩個多禮拜，再加上白天在學校要上課，準備期中考，睡眠不足，身心充滿壓力的我，已經到達一個快崩潰的臨界點。

在一個夜晚，一如往常的恐怖之夜，以電風扇倒地時的砰然巨響爲開場的序幕，然後開始陪伴媽媽一一找尋房子裡、被單上的恐怖怪物，我突然對她說出了殘忍之語：「妳爲什麼要這樣生不如死的活著？早知道妳會活得那麼痛苦，當初應該讓妳死去，妳這樣活著，折磨自己也折磨我，妳要活就要好好的活著！」

老媽那時候一定感到很受傷，原來僵直的雙手也縮了回來，懷抱胸前，她難過的說：「妳怎麼可以這樣跟我講話，我是妳的媽媽啊！」

「就是因爲妳是我的媽媽，我才要跟妳跟妳說，因爲我愛妳，我不希望妳這樣沒尊嚴的活著！」當時身心快崩潰的我，脫口說出這些話。

說眞的，當時我眞的很憎恨老爸，爲什麼他跟媽媽睡同一間房，但是夜夜陪伴媽媽，一同找怪物的卻是我？哥哥姐姐睡在三樓，當時媽媽無法爬上樓梯去找他們，所以媽媽半夜一醒來，首先找的對象必是老爸，但是爸爸一旦熟睡了就叫不醒，所以她的下一個對象就是在隔壁房間睡覺而又淺眠的我。

然而，自從我對她說了那些重話後，也或許女性荷爾蒙在她體內漸漸的退散，她的行爲舉止日趨正常，終於她又恢復成以往溫柔賢淑的媽媽，並且開始接受洗腎治療，延續了十四年的生命。

但對於老媽半夜起來找怪物，老爸能呼呼大睡這件事情，這二十年來我對他一直心懷怨恨，認爲他的遲鈍與自私，造成他身邊的人，也就是我，很大的痛苦。

但是如今的我，轉念一想，爸爸當時是家中的支柱，面臨老媽突如其來的腎衰竭與姐姐心理疾病發病住院，在身爲主要照顧者的情況下，他如果倒下了，其他人該怎麼辦？所以主要照顧者千萬不能倒下，此時鈍感力在他的身上就發揮了作用，唯有在晚上好好睡覺，充飽電，身體得到適當的修復，隔天才能繼續照顧生病的家人。

如果爸爸是那種神經質難以入眠的個性，可能照顧到一半，身心就因無法承受而崩潰了。一旦主要照顧者倒下，家人會陷入何等悲慘的處境！一旦我能從這個角度來思考，就能用體諒的角度來看待這件事，而認爲老爸的鈍感力是一件不可多得的才能！不管在如何艱難的情況下，都能輕易的睡著，並在明天持續地奮戰著！

生命中總有高低起伏，如果身處困難險境，置身於大風大浪時，更要打開鈍感力的開關，其中睡眠尤其重要，不管明天要面對多大的困難與考驗，好好的睡個覺，把自己的身心能量都儲備好，才能繼續走未來的路！

尤其是家中有病人，自己是主要照顧者時，更是如此，不要過分的憂慮與自責，必要時好好的放輕鬆、發揮鈍感力、有良好的睡眠品質，畢竟要把自己照顧好，才有餘力照顧自己所愛之人！

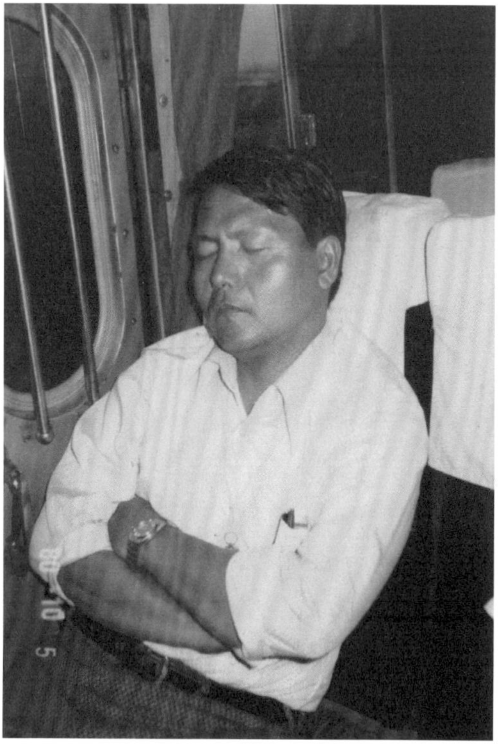

老爸超強的鈍感力，養成他隨時隨地，只要疲憊時，都能輕易入睡的好體質。

2-6 送你一段路

2012年底到2013年，在我們的家族史上是最黑暗的半年，因爲在這半年中，我們歷經了哥哥與老媽的病危以及往生。

哥哥罹患肺腺癌初期，在經過治療後，病情已得到良好控制，但在一年的時間內，癌細胞竟在全身肆虐，並快速演變成末期，在得知這個消息後，生性高度敏感的老媽感到心痛不已，可能是她無法面對白髮人送黑髮人的傷痛，在一次洗腎的過程中，她失去了知覺，但在第一時間被細心的老爸發現，在醫院的急救下，救回了一命，卻也失去了意識，昏迷指數只剩下三分，因爲無法自主呼吸，所以醫院將她實行氣切，她在急診室待了一個月後，轉呼吸照顧病房。

在中秋節的隔天，在老爸、姐姐，我和女兒的陪伴下，哥哥往生於榮總的安寧病房，離世時面容安詳，得年四十九歲。當時陪在哥哥的病床旁邊，看到他因呼吸漸漸衰竭，最終停止呼吸離開人世的瞬間，莫大的悲傷降臨，淚水潰堤，但是我的心再痛，那份悲傷，和老爸痛失愛子的悲傷，是無法比擬的。

我目睹了老爸，如同榮格理論中「自性的轉化過程」。在心理學家莫瑞．史丹所著之《中年之旅：自性的轉機》中，曾引用希臘神話中，特洛伊國王普里阿摩斯（Priams）痛失愛子赫克特（Hector）的例子。

在《中年之旅：自性的轉機》中提及：「赫克特的敗死帶給普里阿摩斯驚恐、失落，以及喪親等一連串的遺憾困境。」史丹說道，「赫克特之死的心理學意義，以他是英雄的事實來開始與結束，是《伊里亞德》中最具爭議性的偉大英雄。他的地位比他的同輩都高，不管是朋友或敵人；而且，他就像特洛伊在抵禦外侮時的堡壘，在經年的戰鬥中擋住希臘人在戰場上的步步進逼和連番突擊。他的身上綜合了所有同儕的理想男性氣概英勇豪情。」

在我們的家庭而言，因爲哥哥是長子，他的地位比姐姐和我都高，他的存在，就象徵著宋氏一族的存在。赫克特是勇猛的戰將，英雄的表徵，他的死亡，就代表著特洛伊城的陷落；哥哥是老爸的獨子，而且他並未結婚以及傳宗接代就離世，這種心中的傷痛與殞落，自是悲痛萬分，難以言喻。

哥哥的告別式辦得簡單而不失隆重，至親與好友們齊聚一堂，送哥哥最後一段路。在家屬致詞時，我永遠無法忘懷老爸所說的那段眞情至性的話，他回憶到哥哥五歲那一年，老爸騎著他的摩托車，後座載著一台彩色電視機回家，哥哥興高采烈的又叫又跳，那歡欣鼓舞的神情仍歷歷在目，但轉眼間，哥哥卻已離開人世，這一席話，讓參加告別式的親友們都淚流滿面。

在失去哥哥的同時，老媽還昏迷在呼吸照顧病房中，老爸仍不間斷地每天去看她，跟她說話，幫她擦澡、按摩，希望能喚醒她的意識，老爸的深情，連照顧的菲律賓籍看護 Vivian 都深受感動。

Vivian 用英文告訴我：

"Your father loves your mother very much. I'm really touched by him！"

（妳的父親非常愛著你的母親，我深受感動！）

我相信當這份愛是眞摯時，它是能穿越時空，並且跨越語言的。

一直到最後一刻，老爸對老媽仍充滿愛意，既使老媽的身體因爲病痛折磨，當年的美貌早已不復見，原本烏黑亮麗的頭髮，已成白髮如雪；長期臥床，也讓她身形顯得痀僂，但是老爸對她的愛依然不變。

在昏迷了半年後，在 2013 年的二月，老媽離開了人世。

老爸對老媽的愛，始於初相見的第一眼心動，至今仍不曾止歇，過程中歷經了疾病、悲傷以及痛苦，老爸始終不離不棄，他們的婚姻橫亙了半個世紀。至今，八十歲的父親說起當年在遊行時初見母親的第一眼，總還是會臉紅，那一見鍾情的感受至今仍鮮明，我都還可以感受到老爸當年的那份怦然心動。

哥哥天資聰穎，從小就一直在學業上表現優秀，時常得到模範生的榮譽。

當時我們家中有著「模範家庭」的榮譽，但取得榮譽的同時也是項負擔。

當時有幾位親戚，因為期待課業上有所精進，長期寄宿我們於家中，照片為老爸與我的表哥。

老爸與老媽新婚時，攝於台中公園。

左：於日月潭度蜜月期間的老爸與老媽，身著原住民服飾。
右：結婚後數十年，老爸老媽再度重遊日月潭。

老爸與老媽，攜手走過人生，結褵五十年。

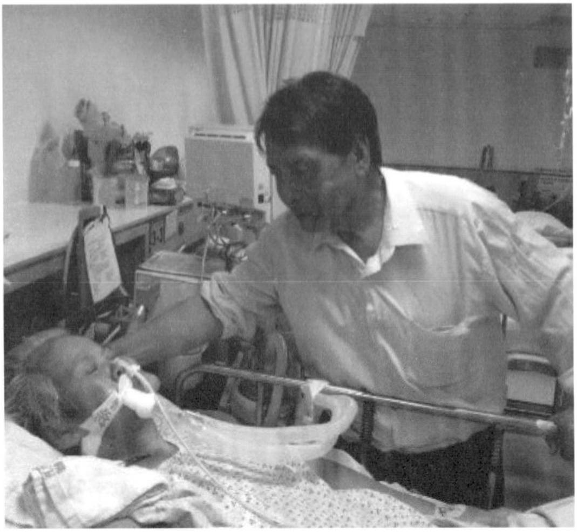

老媽於呼吸照護病房昏迷了半年，老爸天天探訪，溫柔地照顧她，不曾間斷。

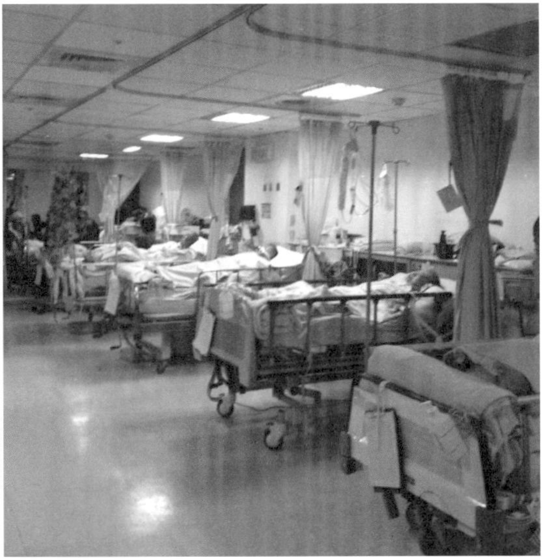

2013 年，呼吸照顧病房的除夕夜。

第三章　我

3-1

我的敏感與老爸的鈍感力——生理篇

身爲女先知的女兒，不論是生理上或者是心理上，我似乎與生俱來繼承了老媽敏感的特質。加上與老媽在家庭中長時間的相處，更是將敏感的特質發揮到爐火純青的地步。

在印象中，老媽因爲有氣喘的體質，會時常發出輕微的咳嗽聲，在氣候宜人的台中生活的她，氣喘原本控制得宜，但是她在就讀銘傳大學期間，北部又濕又冷的天氣讓她的氣喘發作，難以適應，因此才回到台中就讀台中師專，成爲老爸的學妹。

遺傳到老媽呼吸系統貧弱的體質，我從年幼時期就患有過敏性鼻炎，老媽總是戲稱我「Nylon鼻」（尼龍做成的鼻子，指不耐用的意思）。從小，我的鼻子就具有氣象預報以及預測濕度的功能，每當氣候有一點絲毫的變化，我就會開始不停地流鼻水、擤鼻涕、頭昏眼花，注意力難以專注。

從小老媽就帶著我看遍台中市的耳鼻喉科，甚至擴及周邊縣市。其中我最懼怕的就是「洗鼻子」。台中市有一家診所，提供洗鼻子的治療方式，老醫生拿著一支金屬製的噴槍噴出藥劑與清水，灌入鼻腔中清洗，號稱能將鼻子中的髒污與細菌清潔乾淨，但是對我來說卻是一種酷刑，在清洗的過程中，有一種強烈的溺水感，以及藥劑灌入鼻腔中的不適感，總是洗得我眼淚鼻涕直流。

但是辛苦是有代價的，洗完鼻子後，老媽會帶我到一家冰淇淋店，品嚐一客美味的巧克力冰淇淋聖代作爲獎賞。

除了鼻子過敏外，我還患有皮膚過敏，不知爲何，我的雙手從小就患有富貴手，有時乾癢，有時疼痛，右大腿側也患有皮膚過敏，只要壓力大，患處就會搔癢難忍。

記得在國中時期，掃地工作被分配到跪在地上，用抹布拖一樓穿堂的磨石子地板，患有富貴手的我在冬天時皮膚乾裂，冰冷的水滲入龜裂的傷口那種刺骨的痛，到現在還難以忘懷。

當時疼愛我的老媽，每逢週末就帶著我坐公車四處去找皮膚科的名醫，但吃藥、擦藥，打針都無法治癒，後來老媽聽說吃蛇肉會改善皮膚，還特地帶我去台中市的中華路去喝蛇湯，可說是用心良苦。

蛇湯喝起來淸淸甜甜的，有點像雞湯，可惜對我的皮膚過敏並沒有具體的療效，後來老媽又去研究蘆薈的療法，將蘆薈去皮後，透明的果肉部分，敷在我的右大腿側，再以紗布貼著固定。

相較之下，身爲一名鈍感力達人，在年幼時的老爸就發揮了極大的潛力。聽奶奶說，老爸在小時候卽使尿布濕了、髒了，也不會哭，只是靜靜地坐著玩耍，非常的好照顧，鈍感力相當強大，是一個對於尿布中有便溺物也能容忍的嬰孩。

我聽老媽說，我在年紀很小時就戒掉了尿布，可能是我很難容忍那種尿布髒掉的不適感，在不會說話的年齡，每當我想上廁所又說不出口，我就會用我小小的手指掐著老媽的手臂，示意她我要上廁所了，當我現在回想，我還存有對早期的生命記憶，那種對尿布髒掉難以容忍的不適感。

有一件事是聽老媽轉述的，我小時候是和老爸老媽睡在一個大床上，每當星期天的早晨，老媽已晨起吃完早餐，老爸仍在床上睡覺，待她返回房間時，看到尿布已經整個髒掉的我在床上不安地爬來爬去，最終一屁股坐在老爸鼻子上，老爸仍呼呼大睡，他的睡意絲毫沒有半點被打擾的模樣，這樣強大的鈍感力，眞是常人所不及，稱他為鈍感力達人，老爸可說是當之無愧！

老爸生命中最早期的一張照片，他是身著白色嬰兒服的寶寶，表情和神態和現在沒什麼改變，大大的眼睛，胖胖的臉頰。抱著老爸的是大姑媽，從右至左是二姑媽、三姑媽與四伯父，左側高個子的男孩是我的大伯父，左一是二伯父，左二是三伯父，站在畫面中央的是四伯父。據說老爸年幼時十分可愛，走起路來屁股左右扭動，很少哭鬧，非常討人喜歡。

3-2

我的敏感與老爸的鈍感力——心理篇

在上一篇文章中，談到我在生理上的敏感，此外，在心理上我也相當敏感，對於他人的喜怒哀樂，我特別會察言觀色，我還會將莫須有的責任扛在自己身上，認為我應該為他人的情緒負責、有義務讓別人快樂，如果別人不開心，一定是我哪裡沒做好，必須自我反省與改善。於是乎，在人際關係中，我總是過度解讀他人的情緒，並把責任攬在自己身上。

對我而言，最難受的莫過於他人對我的批評，總是讓我感到非常傷心。從前擔任英語老師期間，正課教完後，我採用歌唱、歌舞劇，以及莎士比亞戲劇等比較另類的教學方式，開啓學生的多元智慧，讓一些在正規英語學習上相對弱勢的學生有另一個展現的舞台，試圖讓我的學生「愛上英語」，並且建立他們在舞台上展現自己的自信心。

在我用心教學的同時，得到了教學上的獎項肯定，也引來在校園裡某些同事對我的不認同。這些批評與指責，每每讓我在午夜夢迴時傷心落淚。我的動機是想培養學生們對英文的喜愛，我希望他們愛上英文，並用英文讓他們培養自信心。擅長教文法、句型、字彙的英文老師並不缺乏，對我而言，動機才是學習最重要的一件事，只要讓他們喜愛英文，長大後憑著這股動機，他們才有動力自我學習；相反的，如果我用很嚴肅的方式正經八百地教英文，考不好、學不會就處罰他們，就算他們考了高分，但終究也只是成了考試的機器，心裡對英文卻是感到痛恨的，我不希望成爲這樣的老師。

教學上與學生互動的部分，是我快樂的泉源，尤其是畢業多年後的學生回母校來探訪我，看見我，遠遠地大喊著我的英文名字：「Rebecca 老師！」然後緊緊地抱住我，那份內心的感動難以言喻；或者當看到一些原本在英文學習上較弱勢的學生，透過我另類的教法，建立了他們的自信心，也提升了他們在英語課業上的表現；同時，也有許多位已經畢業的學生們，在上大學時選擇了英語作爲主修的科系，他們寫信或傳訊息給我，告訴我當初的教學方式如何地啓發了他們，並讓他們立志成爲英文老師，這些都讓我足以欣慰；但在這同時，我也得面臨在職場上同事們背後對我的批評。

由於敏感的個性，只要別人批評，我一定先反求諸己，並自我反省，但這種在職場中不斷被排擠的現象，並沒有因爲我自我改進而有所改善，反而使得我總是處在不安與自責的情緒中，惶惶不安。

對於這個現象，有一次老爸在不經意中得知我在學校中的處境，他告訴我一句話，讓我感到受益良多：「妳要把別人對妳的批評，當作是讚美！」他對我解釋：「不遭人忌是庸才，如果今天妳成爲他人批評的對象，代表是妳的優秀與用心，引發了他人的忌妒心，於是他們用批評妳的方式，來抒發他們心中的不滿，所以如果批評與謾罵聲與妳同在，代表妳已經是一個指標性的人物，才會成爲他人攻訐的對象。」

說眞的，老爸的說法大大地安慰了我，也舒緩了我心中的痛苦與自責，或許老爸的說法並不完全符合事實，但是光這樣想在心理上就讓自己好過多了，不會再不斷地自我批判，並能適時地放過自己一馬，這就是鈍感力的效力吧！也是高度敏感的我所缺乏的能力。老爸就是這樣一位充滿了自信的人，把別人的批評當作讚美，是他個人獨特的論點，在這獨特的論點背後，也是以鈍感力作爲支撐的基礎吧！

老爸向來就是對自己充滿自信的人，也非常享受在舞台上的聚光燈與風采。老爸在音樂上的造詣，即使成爲了國小老師期間，他也是擔任學校樂隊指揮，指導合唱團參賽，在此同時，體育上的賽事，樣樣也難不倒他，凡舉網球、排球、桌球，他都替學校爭取優異的成績與榮譽。我想老爸在校園裡出盡鋒頭的同時，對他的批評與謾罵聲想必也是不少吧！但是他卻可以練就一身對於這些批評「左耳進右耳出」的功力，甚至把「批評當作讚美」，因此能在校園中如魚得水的過日子。

另外一件事，是他早期在大明國小教書時，因爲學校位處大雅鄉，老爸每天早上騎著摩托車去上課，路途偏遠，有時上課會遲到，他也不以爲意。「因爲我是一位優秀的老師，替學校爭取許多榮譽，何況全校老師我住得最遠，有時遲到也是在所難免。」老爸理直氣壯的說著。

如果我能擁有老爸的鈍感力，不管我置身於何處，想必都能達到《中庸》所言「無入而不自得」的境界，也就是君子不論處於何時何地都能安然自得，做他本分的的事。

提到我和老爸在職場上的對比，因爲鈍感力的指數不同，我們的心境可說是天差地遠。老爸對自己專業上的自信，體育、音樂、唱遊都難不倒他，並且覺得自己是老師中最認眞且最優秀的。

曾經發生這樣一件事：老爸在擔任學校樂隊指揮的時期，有一天升旗典禮卽將開始，他卻還沒抵達學校。當他在最後一刻抵達，停好摩托車，發現全校等著他上台指揮，他竟能像沒事一樣，自信緩步走上司令台，一聲令下，雙手一指揮，樂隊開始伴奏，全校開始演唱國歌。如果是我，大概會自責不已，惶恐不安根本上不了台，但是父親不但淡而處之，至今還能談笑說起這件糗事，眞是鈍感力達人！

由於美妙的歌喉，老爸經常受邀於各種場合演唱，可說是出盡了鋒頭，照片中替老爸伴奏的是陳金鈴老師。

老爸於中部大學合唱團演唱會的男高音獨唱，地點為台中家商。

在大部分的情況下，老爸的肢體語言都是呈現很放鬆的姿態。

老爸在體育上的表現也相當優秀，常替學校贏得榮譽，並取得網球教練的執照，也因此打下強健體魄的基礎，到老年時還很健康。

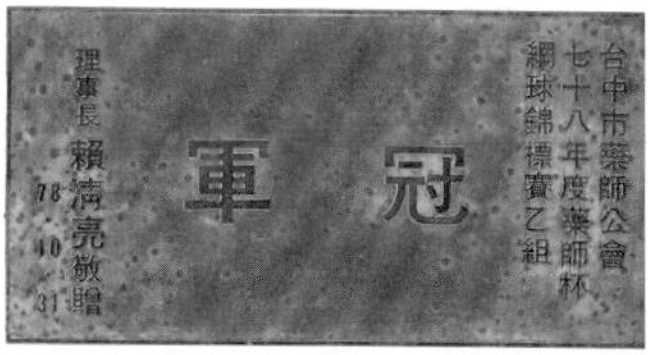

老爸對運動的熱愛一直不曾間斷，也曾替藥師公會爭取過錦標賽冠軍的榮譽。

老爸非常受學生愛戴，放假日時學生常來找拜訪他，此時老媽就會煮一桌豐盛的飯菜來款待學生們，右一為老媽，右六為老爸，學生懷中抱著的小女孩是我。

老爸在大明國小任教期間，帶領學生們到台中市參加初中聯考，考試前講授考前注意事項。

於國小任教期間，老爸在職場人際關係良好，老爸站在中間，右方為大明國小張金耀校長，左方為張世岸老師。

（上）老爸在畢業典禮時指揮演唱。
（中）在畢業典禮時指揮全體畢業生合唱，老爸對這樣的大場面一向駕馭得宜。
（下）畢業典禮當天，被學生簇擁的老爸。

在我得到卓越教師首獎的當天，老爸也親臨現場觀禮。

當老爸處在學校的環境時，總是如此安然而自得。

3-3 打開鈍感力開關

老爸由於有高鈍感力特質，一生中雖然充滿苦難與壓力，但是始終健康，從未罹患什麼重大疾病，倒是我年紀輕輕就罹患了癌症。

因爲當初祖父的期望，老爸年輕時的志願是成爲一名醫生，但卻因爲家貧的因素，就讀台中師專，再度參加大學聯考，雖考上中國醫藥大學藥學系，並成爲一名藥劑師，但是仍然沒有完成他的醫生夢，之後哥哥成績相當優異，似乎是完成老爸夢想的不二人選，但是天資聰穎的他，卻在考醫學系這件事情上，給自己過多的壓力，在就讀高中期間罹患了身心疾病。

雖然從頭到尾都沒有人命令我們，去實現老爸的夢想，但是我卻將自己的志願投射在彌補老爸的遺憾上，老爸沒實現的心願，由哥哥來完成，哥哥沒有完成的心願，由我來完成。

五專時期我就讀的是國貿科，所學習的科目是會計、企業管理與國際貿易，哥哥生病後，我便異想天開地想考插班大學生物系，畢業後再就讀學士後醫學系。

國貿科與生物系所學可說是天差地遠，所以在考插大的前半年，我每天都只睡一至兩個小時，熬夜研讀物理、化學以及生物，長期的睡眠不足，以及容易感到焦慮的個性，我在十九歲的那一年罹患了鼻咽癌。

在確診爲鼻咽癌之後，我在台中榮民總醫院展開了療程，非常幸運的，我遇見了放射治療科的翁益強醫師，在他與中榮的醫療團隊細心診療下，我順利痊癒。回憶起治療期間，無論是拔智齒、製作放射線治療的面具，他都仔細的替我處理，並仔細估算放射線治療的劑量，以求在控制住癌細胞的同時，又不會對身體造成過多的危害。至今我都對翁醫師仍然抱著莫大的感激，他是擁有仁心仁術的一位好醫師。

在進行西醫治療的同時，老爸也替我調配科學中藥，並在放射線治療的同時，提升我身體的免疫力，並將放療對身體的傷害降至最低。

雖然身為女先知的女兒，具有容易憂慮的體質，以及對事情高度的敏感力，但是畢竟我也是老爸的女兒，在適當時間點，我竟不可思議的打開了鈍感力的開關，如同哲學大師尼采所言：「痛苦的人，沒有悲觀的權利。」罹患癌症的我，竟感到不可思議的樂觀。

我還記得放療期間，當我戴著白色面罩躺在儀器上時，在我心中竟把放射線治療的金黃色光線，當作來自天堂的一道光線，我想像只要光線所照射之處，就能得到療癒。

說也奇怪，得到癌症後的我竟然感到鬆了一口氣，因為覺得不用拚死拚活的去考生物系，再考學士後醫學系，感到撿回一條小命的我，應該有權利去做自己喜歡做的事，不用再去管社會的期待，或者是他人的眼光等等。

其實現在回頭看，從頭到尾都沒有人要我去成為一名醫生，完全是出自於自己的想像與投射，認為自己只要唸了醫學系，就能光耀門楣。

因為如此的接近死亡，所以開始探索生命的意義與自我的本質，我開始回想在讀國貿科時，學起來最感到事半功倍的就是「英語」這一門學科了，再加上我曾經得過全校英語即席演講比賽的冠軍，更是加添我的信心。

於是我決定從頭來過，選擇英國語文學系作為考插班大學的科系，這一次終於找對了方向，考上英文系後，如魚得水，因為我喜歡英文，也喜歡文學，在就學期間，曾經參與了幾場英語話劇的表演，過程相當的愉快，就學期間又常拿系上的獎學金。在就讀靜宜大學英文系的這幾年，是我人生中快樂又充滿自我實現感的一段黃金時期。

前幾年到放射腫瘤科回診時，跟翁益強醫師閒聊，他才透露我當年罹患的鼻咽癌其實不是他宣稱的第二期，而是第三期。他說，當初因爲老爸怕我知道自己罹患的是第三期失去求生的意志，因此請求翁醫師告訴我這「白色謊言」。我聽聞之後相當震驚，然而翁醫師下了一句結語：「就算是癌症末期，還是有人存活，活著就是活著，就算是癌症初期，還是有人死亡，死了就是死了，跟初期或末期沒有絕對的關係。」我聽了之後覺得頗有道理，就沒有把自己罹患鼻咽癌第三期這件事太放在心上了。

不但如此，我還常常忘記自己曾經得過癌症這件事。我並不會把自己當作是一個病人，認爲自己應該臥病在床，或是去限制自己發展的可能性，癌症治癒後至今已經二十五年，這二十五年中，我完成了大學學位，結婚、生下女兒，又拿了英國文學與電影兩個碩士學位。平日的飲食當然盡量以健康爲取向，但我也不排斥偶爾吃一些美味但不那麼健康的食物，例如燒烤或是鹽酥雞等等，有時也會小酌幾杯紅酒。

事隔多年，當我閱讀喬·維泰利所著之《零極限》，有一段關於修藍博士吃漢堡的敘述，和我的經驗頗爲類似。喬·維泰利認爲修藍博士不會想吃不健康的東西，但是方圓十里又只有一間漢堡店，但是沒想到，修藍博士對吃漢堡這件事並不排斥。

他認爲：「食物才沒什麼危險，是你認爲它們有。」

我的觀點和修藍博士是一致的，如果在享受漢堡、燒烤或是鹹酥雞的同時，你一直告訴自己，這個食物是糟糕的、不健康的，你就把這個念頭變成毒素，吃到身體裡面去了，何不快快樂樂地享受當下，享受這偶一爲之的美食呢？這樣得到的就是純然的快樂，反而對身體是有益處的。

除了戰勝癌症達二十五年，在2018年時，我所遭遇到的一件事情，也讓我意外發掘了自己的鈍感力。那一次我搭乘聯合航空的班機從台北飛往舊金山，在飛行的十一個小時中，有十個小時飛機都在亂流中，乘客全都要求在座位上繫好安全帶不准走動，後來甚至連空服員都被限制不能走動，餐點供應也因此暫停。

當時整個機艙都充滿緊張和焦慮的氣氛，坐在我旁邊的乘客是一位來自台灣的女士，她說坐了三十年的飛機，不曾遇過這麼嚴重的亂流，有一段時間我們是彼此手牽手，互相克服心中的恐懼。

當時飛機經歷過一陣強烈的搖晃，整個飛機上的乘客都忍不住驚叫了起來，我相信有一刹那，我們都認爲將會命喪於此，我開始回想我對家人的情感，或許我對家人而言並不完美，但是我對他們的愛與付出已盡了全力，我相信他們知道我是非常愛他們的，若我有做不好之處，也只能請他們原諒且包容我，當我這樣想，心中就感到釋然了，在一陣亂流中，我竟然放鬆地睡著了，睡醒後，飛機已恢復平穩，空服員又開始恢復了供餐，眞是件不可思議的經驗，如此高度敏感與神經質的我，竟然能在亂流中安然入睡！

由此證明，其實鈍感力是可以經過後天學習，並對生命帶來益處的。從罹癌的經驗，忘記自己罹癌進而痊癒，或者面臨亂流也能安然入睡的能力，證明了我除了是女先知老媽的女兒外，我同時亦是老爸的女兒，也具有另一象限的能力，也就是開啓鈍感力開關的能力！

在美劇《西方極樂園》（Westworld）中，故事設定在一個如同迪士尼樂園般應有盡有的高科技成人主題樂園中。模擬眞人的機器人，能讓遊客享盡情享受在眞實世界不能實現之慾望的放縱，但是在這世界下，有部分機器人出現自我覺醒，發現了自己只是被利用，作爲故事中角色的存在，其中有一個領導性的角色，是由女演員譚蒂．紐頓（Thandie Newton）所飾演的梅芙（Maeve），想擺脫樂園對她的控制。

有一段劇情，是梅芙找到了程式設計師，並且威脅他們從操作面板將自己的敏捷度、聰明才智與領導能力調高，讓她終於能成爲一名領導者，並領導其他的機器人一同反抗人類，並藉此改變自己的命運。

我們雖然不是機器人，但是也可以像梅芙一樣，在必要的時候，選擇將鈍感力的數值調高，就像是在身體感官上，人際關係上具有超敏感體質的我，在面對癌症之時，以及面臨亂流，生死存亡之際，我還是可以選擇打開鈍感力的開關，讓自己能安然度過難關！

在治療鼻咽癌時，遇見我人生中的貴人，仁心仁術的翁益強醫師。

在治療鼻咽癌期間，身為藥師的老爸，師承生藥學賴榮祥教授，所調劑的漢方生藥對我的病情療癒功不可沒！

十九歲時的我，當時剛結束放射線治療，為了遮住頸部上的傷疤，於是拍照時繫上圍巾。

就讀靜宜大學英文系時期，是我相當快樂的一段時期，就學期間飾演 Dr. David Williams 所執導的 Blithe Spirits 中的 Elvira（鬼妻）一角。

3-4 對環境的鈍感力

六年前哥哥與老媽接連離開人世後，老爸每天在台中的生活不是抽菸就是看電視，況且睹物思情，每天都活在舊回憶的傷痛中，實在令我相當掛念與擔心。那時我定居北部，一直希望老爸和姐姐能搬來和我與女兒同住，四個人住在一起，彼此有個照應。

但固執的老爸堅定的拒絕搬到北部來，後來我先斬後奏買了一間有四個房間的公寓，老爸終於答應搬來與我們一起同住，但是他拒絕賣掉台中的老房子。

我要付北部公寓房貸，老爸也要負擔台中房子的房貸，蠟燭兩頭燒的情況下，一家人的經濟狀況相當吃緊。

僵持了兩年，老爸終於妥協願意賣掉老房子，但是條件是我們必須找個租屋處把老屋子的家具和生活用品搬進去，房子找好了，每個月租金一萬元，裏頭堆滿我們從小到大使用的家具與生活用品、老媽結婚時的實木梳妝台嫁妝、哥哥在父親節時送老爸的搖椅、全家到峇里島玩時買回來的木雕，一家子的回憶都在此塵封，每當回到此處，就彷彿墜入時空的洪流裡，一景一物，往日的歷歷過往，在腦海中一一呈現。

台中的租屋處主要作爲倉庫用，我們一個月頂多住個一兩晚，可能短暫待個周末後又匆匆北上。因爲長久沒人居住，家具上長著一層薄薄的塵埃，讓體質過敏的我總是不停打噴嚏，眼淚鼻涕直流，一整晚都難以入眠。因此，每次回去，我總是是全副武裝，各項配備齊全：小型手持吸塵器、消毒用酒精，乾淨的棉被、枕頭與被套，更不能忘了口罩以及治療過敏的藥丸，但卽使準備如此周全，回台中的夜，對我而言，多半仍是難以成眠。

但老爸則是完全相反，雙手空空，什麼都不用準備，回到久未打掃的房子，晚上時間一到洗完澡後，倒頭就是呼呼大睡，灰塵與塵蟎，完全不會對他造成威脅或困擾，照樣一覺到天明。

在家中最得老爸鈍感力眞傳的，就是姐姐了。我問她：「那麼久才回來一次房子，妳都照常睡得著嗎？」

「睡得著啊！」姐姐回答我，「上次我發現棉被裡有壁虎的屍體，我把它踢到床角後，照睡不誤。」聽得我眞是佩服不已。

其實多年前，我就曾經見識過姐姐的鈍感力。當年的我約莫是十六歲，在一場車禍中，姐姐髖骨骨折，無法行走，有一段時間，在爸媽的派令下，我打地鋪與姐姐同房而寢，好在夜晚時照顧不良於行的她，喝水或是如廁。

還記得那一晚是盛暑，我只在肚子上蓋著薄薄的涼被，四肢都露出於被子外，睡意正濃之際，右小腿突然有一股尖銳刺痛感，第一直覺告訴我，應該是一隻大蜘蛛跳到我的腿上，我一腳踢開蜘蛛後，將全身蜷曲於涼被中，並一直不停地呼喚：「姐姐、姐姐，趕快醒過來，有蜘蛛！」

在黑暗中，我看到她朱唇微啓，但在我聲聲呼喚之下，換來的竟只有她不絕於耳的打鼾聲，我相當驚慌失措，但也不知該如何是好。過了幾分鐘後，我突然聽到一聲淒厲的慘叫聲，彷彿是恐怖片的情節，透過月色的照映，我看到她的上半身在床上坐起來，並不停的用雙手的從口中想掏出什麼來。

接著令人更驚訝的事情發生了，原本不良於行的姐姐，突然飛也似的，奔跑到房間裡的浴室，在洗手台上嘔吐與漱口，我完全毫無頭緒。在上演一段驚魂記後，姐姐才娓娓道來，剛剛原來不是蜘蛛，而是有一隻蟑螂鑽到她打呼時，微微開啓的口中。

後來台中的租屋處，在今年的六月終於退租了，我們花了一筆錢，請了業者幫我們把滿屋子的家具給處理掉，老爸想這麼做的原因，是因爲今年初時，四伯父往生了，他頓然失去了回台中的動機。

在十二個兄弟姊妹中，和老爸最親近的，就屬四伯父了。老爸常常掛在嘴上的一句話：「抓賊打虎親兄弟。」意思就是，會陪你去做些危險之事，諸如抓賊打虎的，唯有你自己的親兄弟了，對他來說，指的就是我的四伯父。

四伯父和老爸一樣，畢業於台中師專，是一名國中老師，平日的他是一位翩翩君子，講話溫文儒雅，但是只要一喝醉酒，就成了一名火爆浪子。四伯母很善良，但是豆腐心刀子嘴，四伯父平常忍了她很多氣，一喝醉酒就拿著菜刀作勢要砍四伯母，我記得小時侯常常半夜電話響起，多半是四伯父酒瘋發作，要老爸去解圍當和事佬。

四伯父酒後火爆浪子的個性也不僅限於家中，他曾經在酒店裡，因爲鄰桌的客人歌唱得太難聽去翻對方的桌，還有一次是跑到橋墩下，爲了證明自己沒有喝醉，於是搬起一顆大石頭砸自己的腳，導致蹠骨骨折，當這些事情發生時，老爸都在現場陪伴，果眞是「抓賊打虎親兄弟」。

後來隨著年歲漸增，四伯父由於人生的際遇漸增，也變了一個人，到老年時甚至滴酒不沾，看起來儼然就是一名慈眉善目的老人家，歲月眞的可以深刻地改變一個人的個性。

宋氏一族中，老爸排行男生中的老六，四伯離世後，老爸是他那一輩中唯一還在世的，人們說「人生七十古來稀」，老爸今年八十，已至耄耋之年，卻不顯老態，仍舊身體健康，耳聰目明，就是拜他強大的鈍感力所致吧！

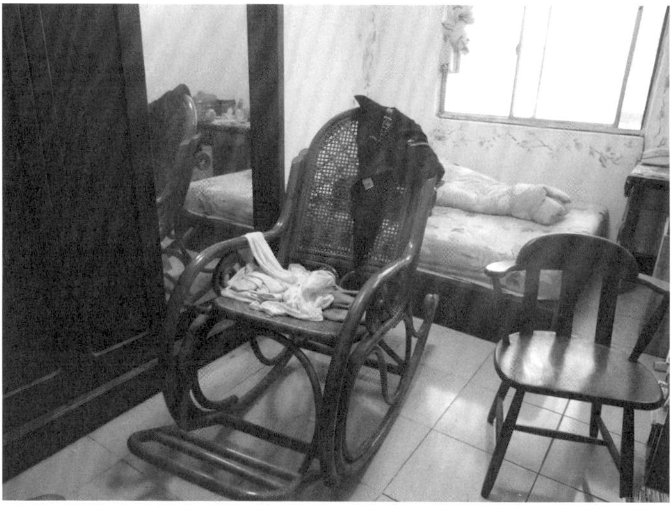

台中租屋處，時空彷彿在此凍結了。

租屋處清空後，老爸悄然若有所思，左邊為姐姐。

五十多年前的台中市大誠街，當天是我父母親的婚禮，畫面中叼菸的男子，是我的四伯父，當年他二十四歲。

四伯（右）與老爸（左），攝於 2013 年中秋夜，經過歲月的磨難，四伯原本年少時狂暴的個性已磨得光潤渾圓，已是一仁慈敦厚的老人家。

老爸移居北部後，我經常替他安排各項活動。

老爸（左四）和我（左三）一同參與英語演講會聖誕派對表演，飾演《歌劇魅影》中魅影之一角。

3-5 將意志力化為鈍感力——走過婚姻的傷痛

在之前的文章所提及，我是一個高度敏感的人，不論在生理上或是心理上，皆很容易因爲過度敏感而感到傷痕累累，而我生命中所遭逢的一件事，卻置我於死地而後生，並且是淬鍊我的將意志力化爲鈍感力的最好實踐。

我和前夫結婚的初期，他開始有些跡象在婚姻中傷害我，但是因爲新婚就懷孕，爲了不讓孩子生下來就沒有一個家，我選擇在這個婚姻中忍辱負重，繼續忍耐，並期待有轉機。

前夫和我結婚沒多久，就到英國攻讀企管碩士，將我一個人留在台灣待產。大腹便便的我，辛苦地工作賺取生活費。結婚後才知道，在交往時，他之所以熱情的追求我，是因爲看重我的英文能力好，能對他留學英國有所幫助，再加上我總是打扮得光鮮亮麗，而讓他對我產生我是「富家女」的錯覺。當他發現我的家境不如他想像中富裕：我的母親洗腎，兄姐患有身心疾病，他就極盡能事的在言語與精神上傷害我和家人們，讓我的身心感到非常痛苦，認爲自己的人生一步錯、步步錯，因爲做了一個錯誤的決定，而墜入了無底的黑暗深淵。當時身邊有些關心我的朋友，建議我把孩子拿掉，但是經過考慮後，我認爲孩子的生命是無辜的，我不忍心剝奪，還是毅然決然地決定把孩子生下來。

他曾不只一次的說：「妳家爲什麼不有錢一點，就可以讓我少奮鬥十年！」在辦娘家場婚宴前，他說：「娘家這一場要盡量的撈，看能不能作爲我去英國留學的資金。」眞正讓我心死的一件事，是他通過研究所申請時，他的母親求他，要他爲了我和即將誕生的孩子留在台灣，他卻說：「我可以不要這個妻子、這個孩子，可是我不能不要這個學位！」

當他發現沒有足夠的金錢到英國留學，便想將他父母親住的老宅做二胎貸款，他的母親哭求他不要這麼做，他說如果不讓他用房子貸款去留學，他就要放火燒掉房子。

後來我聽到這件事，就看淸他的眞面目了，如果對自己的父母親都能用這樣的態度和言語，他是不會善待我和孩子的。到英國後，他果然棄我與孩子於不顧，連我在生產時也沒有回來陪伴我。

不幸的婚姻，就像是你買了一張，以爲是飛往天堂的機票，沒想到卻一路帶著你直達地獄，並難以脫身。婚前那個誓言要呵護我、一輩子愛我的翩翩君子，卻在婚後變臉，並傷害我與家人，原先口中的美好願景與承諾，一件件化如泡影。

還記得我懷孕七個月，正就讀靜宜大學的英國語文研究所，當時研究生在圖書館借書的上限是十五本書，我當時就大著肚子，借滿了十五本關於離婚的書籍，到櫃台借書，櫃檯的館員和我交換了眼神，她看著書本的標題，又看了眼我大腹便便的肚子，我則是給了她一個苦笑，因爲當時的我，知道這個婚姻已經無法挽救了。

有一次夜晚時茫茫然走在街上，正走過斑馬線過馬路時，有一台大卡車用極快的速度右轉，往我的方向駛過來，刺眼的頭燈映照使我失去了視覺，但是我卻不害怕，有一種聲音在我腦海中響起：「往我身上輾過來吧！我死了一切就輕鬆了。」大卡車以毫髮之差避過了我，也讓我對自己心中揚起的小聲音感到害怕，活著的痛苦太巨大，讓我甚至不畏懼死亡。

從這次差點被大卡車輾過的經驗後，我開始痛定思痛，認爲自己不能如此自私，沉浸在自己的悲傷中，必須奮發起來，就算自己再如何痛苦，都不能忽略寶寶，必須要愛她、疼惜她，並注重她的健康與營養。

疼愛我的老媽每天都煮滿一桌營養豐富的好菜，就算再怎麼沒有食慾，我都強迫自己，爲了寶寶要多吃幾口，尤其是富含維生素、礦物質、蛋白質、魚油與葉酸成分的食品，才不會耽誤了寶寶的健康。

後來這個痛苦的婚姻，是以「不堪同居之虐待」打官司離婚的，我打贏了官司，得到了女兒的監護權。當時身邊的親戚與朋友，許多都勸我要放棄女兒的監護權，日後的日子會比較好過，但是我堅持不肯。如果我都不堪前夫的凌虐，我又怎麼捨得將這小小的生命交到他的手中呢？憑想像就知道女兒的未來會過得多麼辛苦啊！寧可自己再怎麼辛苦，都不能把女兒丟入火坑中。

如果說，這個婚姻是我一生中最大的詛咒，女兒的出生，就是將詛咒化為一個最美好的祝福。我的全家人都非常疼愛女兒，在她的生命中，雖然父親的角色是缺席的，但是她卻擁有愛她的媽媽、外公、外婆、舅舅以及阿姨，女兒三歲以前都是我的家人幫忙我照顧，三歲以後我才接到身邊，自己照顧撫養，所以女兒與家人之間的感情是相當親密的，老爸與老媽享受了含飴弄孫之樂，哥哥姐姐雖然沒有經過婚姻，但是也從照顧養育女兒中，體驗了當父母親的快樂與成就感，尤其是我的哥哥，簡直是愛女兒更勝於自己的生命！

在大家豐富的愛澆灌之下，女兒長得聰明活潑又可愛，我們全家人都愛閱讀，從一個月大時，我們會輪流唸著繪本，以及指著繪本上的文字讀給她聽，在耳濡目染下，從小就受了文學的薰陶，如今她已亭亭玉立，還曾榮獲台積電文學獎，充滿了文采、愛心與正義感，是個令我感到驕傲的孩子。

結婚前的我並不喜歡小孩，覺得小孩很吵、很煩人，真正開始喜歡小孩是有了女兒之後的事。我還記得在產檯上生下女兒的那一刻，連臍帶都還沒剪，她就傳來洪亮的哭聲，傳遍了整個產房，彷彿是要跟全世界迫不急待地宣告她的到來。

躺在產檯上虛弱不已的我微微顫抖著，護理師把她抱到我眼前，告訴我是個健康活潑的女孩，十隻手指頭、十隻腳趾頭，女兒用尚無法對焦的眼睛好奇的看著我，護理師抱她到我胸前哺乳，那一瞬間，母愛的本能被喚醒了，我誓言不論前路再如何黑暗難行，就算她沒有一個愛她的爸爸，我都要傾我所能的去愛她、守護她，也是在這一瞬間，強大的意志力打開了鈍感力的開關，讓我能忍辱負重的將養育女兒到大。

女兒在我與家人的認真照顧下，長得活潑又可愛。

女兒是全家人的寶貝，為我們一家人帶來無比的快樂與希望。

女兒榮獲台積電文學獎時，頒獎當天的照片，站在女兒右側的是我。

含飴弄孫的老爸。

老媽對女兒疼愛有加。

女兒三歲時，我與她的合照。

3-6 鈍感力之奇葩——姐姐

在我們三個手足中，最得老爸鈍感力眞傳的就是姐姐了，她遇到事情不慌亂，好吃好睡，懂得好好照顧事情，跟老爸相較之下可說是青出於藍勝於藍。記得哥哥在世時，常常說姐姐就像《西遊記》中的「天蓬大元帥」豬八戒，所指的並非外表，而是處事的智慧。雖說豬八戒表面上看起來好吃懶做，但是他在好逸惡勞的外表下，卻擁有著高深的處事哲學。

唐僧師徒四人，不論行腳到何處，豬八戒一定照顧好大家的五臟廟，確定大家能吃飽，當危險來時，他一定會懂得閃躲，讓能力高超的師兄孫悟空去面對，但是當孫悟空深陷困難時，他也會挺身而出，照顧師傅，這種懂得躲避災難的本能，不就是古人所說的「趨吉避凶」嗎？

天篷大元帥所擁有的這兩項能力，姐姐都擁有，不論家人深陷如何的愁雲慘霧與危難之中，她也不會虧待自己的五臟廟，同時也會把大家照顧好，絕對不會跳過任何一餐，其實在處於逆境中時，能吃好睡好是件很重要的事，因爲唯有這樣才能保持戰鬥力，不至於被當下的困境所擊垮。

再者，當困難的事情來襲時，姐姐非常懂得閃躲，讓有能力的人去承擔，也就是團體中擔任「孫悟空」角色的人，有可能是老爸、老媽、哥哥，甚或是我，這樣有什麼好處呢？如果有人有能力去做，姐姐就會樂得在一邊淸閒，這樣才不會虛耗自己的元神，而且當孫悟空被擒，或者是需要豬八戒出面時，姐姐也會義不容辭的扮演好自己的角色。

這樣的理論，在西方社會也得到驗證，比爾．蓋茲（Bill Gates）說：「我讓懶人做困難的工作，因爲懶人能夠找到最簡單的方法完成任務。」這句話眞的直搗姐姐懶人哲學的核心價值，有幾個例子可以得到證明，這得回溯到她的童年時期。記得國小時有一篇課文《小人國遊記》，是愛爾蘭作家喬納森．斯威夫特所著之《格列佛遊記》（Gulliver's Travels）其中的一篇。

當時姐姐的老師，要全班同學根據課文畫一張格列佛身處於小人國時的場景，班上學業成績第一名的女同學，孜孜不倦的花了一整天的時間，細緻地畫了一百多個小人，以及他們將格列佛綑綁於地上，四肢與頭髮固定時的畫面，但是這位認眞的女同學，並沒有拿到老師的滿分，拿到滿分的是姐姐的畫作，讓這位女同學相當地不甘心，因爲懶惰的姐姐，只用黑色的蠟筆描繪出海的波浪線條，以及沈船後的格列佛，在海中載浮載沉的一顆人頭，就拿到了老師的滿分，後來老師向女同學解釋，爲何給姐姐滿分的原因，是因爲當大家所繪畫主題都相同時，她的畫別出心裁，而顯得創思獨具！氣得認眞的女同學啞口無言。

不過姐姐的懶人哲學不是到哪都行得通，在國小時期有一次當全班同學費盡心力拔河時，她悄悄地站在繩子的最末端，左手插口袋，右手作勢在拔河的模樣，當場被老師識破而遭譴責。

在青少年時期因爲升學壓力過大而罹患身心症的姐姐，找工作的過程沒有那麼順利，我在2015年時將她找工作的艱辛拍成紀錄片《姐姐找工作》，並得到桃園紀錄片影展補助款及第三名的榮譽（此影片在Youtube平台上可搜尋到）。在這部影片上映後，因姐姐擁有丙級廚師的證照，所以她得到一個在桃園療養院的美食坊裡工作的機會，她在此工作了兩年，在這期間我也曾聽過指導老師對她的抱怨。

那是在姐姐負責炒竹筍包的餡料期間，正確的製作過程大致如下：熱鍋炒香蝦米與蔥白拌炒，加入香菇爆炒三分鐘，再加入筍炒兩分鐘，絞肉爆炒七分鐘，再加入糖、油蔥酥、黑胡椒粒，之後加入蠔油、醬油炒入味，最後加入蔥綠起鍋。上述製作過程，應該分解成七個步驟，但是姐姐卻只採用一個步驟，就是把所有的配料，通通倒入炒菜鍋中，翻炒後蓋鍋悶熱，而被老師發現了，認爲姐姐用如此「偷吃步」的方法，令她感到大爲光火，憤然對我說：「妳姐姐眞是太懶惰了！」

我是能同理老師的憤怒，但同時也不得不驚嘆，姐姐眞是個化繁爲簡的高手，將炒竹筍包內餡的七步驟，簡化成一個步驟，拔河時一手插口袋、一手拔河，以及畫作格列佛遊記中，在海浪中漂浮中的一顆人頭，都可謂懶惰到最高點啊！

雖然說具有鈍感力可以讓當事人擁有幸福的能力，但是如果家人的鈍感力太高，有時也會帶來困擾。首先就是姐姐對髒亂的忍受度和老爸一樣高，所以如果和他們生活在一起，第一種方法，就是面對你無法忍耐的髒亂，你必須勤快點，自己動手去清潔打掃，缺點是會讓自己常常處於很疲累的狀態；第二種方法可以讓自己輕鬆一點，但是需要強大的意志力，因爲要調高自己的鈍感力，讓自己對環境的髒亂能提昇到視而不見的境界，一直到那份髒亂連姐姐與老爸都無法忍受，他們就會動手清潔。我則是採兩種方式並行，自己的房間可以好好打掃維持，但是對於公領域的部分，如客廳、浴室或廚房等則是調高自己的鈍感力，等到自己眞的無法再忍受時，再動手清潔。

一開始老爸與姐姐搬來和我們同住的前期，我是採用第一種方式，凡事事必躬親，只要一點點髒亂我就無法忍耐，動手打掃，而且一邊打掃一邊抱怨，搞得自己像家中的女傭一樣，家庭關係也變得相當緊張，一直到讀到了渡邊淳一的《鈍感力》我才茅塞頓開，發現老爸與姐姐是我值得學習的對象，一旦有了這個認知，家人間的關係變得比較和緩，我也較能從欣賞的角度去看待他們的特質，最重要的，一旦我動手清理時，也是心甘情願，因爲我是偶一爲之的大掃除，不像從前一樣，是頻率很高的打掃，最大的改變，是我不再像從前一樣怒氣沖沖，充滿了怨懟之心。

我在體悟到老爸與姐姐身上的鈍感力特質，並有此番領悟後，無獨有偶的，我也在戴倫．哈迪（Darren Hardy）所著之《複利效應》（The Compound Effect）看到類似的思想軌跡：「某一年的感恩節，我（作者）決定爲我太太寫一本感恩日誌。在那一整年的每一天，我記錄了至少一件我感激、欣賞她的事，例如：她和朋友互動的方式；她細心照顧家裡的狗，她幫忙換洗床單；她煮了美味的一餐；她的頭髮很美等。我留心注意她今天做了什麼令我感動或心動的事，或是彰顯出哪些讓我欣賞的特質、個性或素養。就這樣，我偷偷記錄了這本日誌一整年，到了年末，整本日誌寫得滿滿的。

到了感恩節那一天，我把這本日誌送給她，她感動到流淚，說這是她有生以來收過最好的禮物。」

哈迪更表示：「最有趣的一點是，受到這份禮物影響最大的人，其實是我！每天寫這本日誌，迫使我聚焦在我太太好的層面；我刻意尋找她做得好、做得對的所有事情，這種由衷的聚焦，使我不去注意我可能會抱怨她的任何事。」

也許我們無法改變人生的境遇，但是我們可以改變我們解讀的方式；也許我們無法改變身邊所愛之人的特質，但是我們可以選擇用不同的視角去觀看。老爸與姐姐所擁有的鈍感力，我可以視之爲缺點，對他們批評，心中懷有不滿，感到抱憾終身，但也可以選擇用不同的角度，試著去欣賞，甚至學習他們的鈍感力！

少女時期的姐姐。

姐姐與年幼時的我。

少女時期的姐姐，攝於台中公園。

2019 年時姐姐與我一起參加桃園蓮花季。

桃園影展紀錄片《姐姐找工作》中之劇照。

尾聲

對老爸的情感，從青少年到成年，我一向是用一種批判與審視的態度來看待他，說到父親，我的感受一向是愛恨交加，甚至是帶著不滿以及怨恨。一直到接觸到渡邊淳一所著之《鈍感力》，我才開始發現老爸全身散發著鈍感力，不論與生俱來，或是源自於貧苦的童年所培養出來的，原本我所認爲老爸身上的缺點，一旦從鈍感力的觀點重新詮釋後，其實都可以被視爲老爸的個人特質與優點，也因爲這些鈍感力的特質與優點，陪伴老爸走過他八十年的人生，經歷過人生的風風雨雨，經歷各式各樣的打擊，老爸依然老當益壯，屹立不搖。

令我沒想到的，就是透過撰寫本書的過程，我意外地展開了一段和老爸的和解之旅，猶記得剛寫完序，我交給老爸看，他看完後情緒相當的震驚與憤怒，他表示我對他的描述太負面了，他沒那麼壞。我開始向他解釋，如果這其中有許多的誤會，現在就是澄清的最好時機，於是他開始訴說，早期在家中十多年的缺席，並非荒唐度日，而是因爲當時就讀藥學系，以及畢業後與舅舅一同經營藥局，長年在外打拼，也是爲了要提升經濟狀況，讓家人過更好的日子。之後老爸娓娓道來他的童年與青少年時期的種種，也讓我對他有更深一層的認知，如果沒有透過本書的書寫，我肯定沒有機會如此鉅細靡遺的了解他。

回想起十九歲的那一年，在檢查罹患得到鼻咽癌的當天晚上，老爸開車載著我駛於中港路上（如今的台灣大道），他紅著眼眶一邊開車，在不擅言語的外表下，他是心疼我的，並且付諸於行動，在我整個放射線治療的過程，他開車接送我去台中榮總做了三十五次的治療，陪伴我去腫瘤科門診，調劑漢方中藥來減緩我放射線治療的副作用，讓我比較不會口乾、暈眩，並增加白血球的數量，以及改善我的食慾，無微不至的照顧我，一直到我康復。

當我離婚後，老爸對於在婚姻中傷痕累累的我，沒有說半句責備的話語，他義無反顧接納我回家，並沒有認爲嫁出去的女兒是潑出去的水，反而用無盡的愛來接納我和孩子，老爸與家人成爲我最堅固的避風港，強大的支持系統，幫助我照顧孩子，讓我可以在外無後顧之憂的工作，在我最脆弱之時，家替我打造了最堅強的堡壘，因爲我知道有我最愛的家人挺我，讓我得以度過人生中痛苦的逆境。

這些回憶一件件地在我腦海中浮現，勾勒出老爸對於我的愛與付出。其實老爸是很愛我的，只是不擅於言語的他，需要透過事件，他才能藉由行動來表達對我的愛，也因此造成了我對他的誤解。

在書寫本書的過程中，我曾參加周志建老師所舉辦的「跟家庭的傷說再見工作坊」，在上課過程中透過周老師與眾多學員生命經驗的分享，收穫良多，而在下課時我告訴周老師，我想和老爸和解，我還記得他一臉嚴肅的告訴我，這是件很艱難的工作，而且成功的希望並不大。

我很高興自己最終能透過書寫和老爸和解，轉換不同的視角去詮釋老爸的特質、欣賞他的諸多優點，尤其是鈍感力。我也透過寫書中的訪談，更深度的了解老爸的成長背景與他人格養成的經過，這些都是我生命中很重要的養分，並且透過寫書的名義，有機會能與老爸深聊，透過這個過程，也重新拾回了我與老爸之間的愛。雖然老爸已經八十歲了，但我覺得關於親情的和解，永遠不嫌太遲。

長輩們並不擅於用言語表達愛，但透過這本書的書寫，創造了我與老爸對談的契機，我說出了許多藏在心中，今生我認爲我不會說出口的話，過程中或許有點衝撞，在溝通與對談中，從一開始激烈的爭執、不認同，到相互理解，透過父女間一次次的對談，我與老爸漸漸地敞開了心胸，表達了對彼此的愛，在我的心中，老爸的形象被重新塑造，再度成爲我心中的英雄，老爸這位英雄，帶著強大的鈍感力，走過人生中的驚滔駭浪，在我心中的形象是如此的燦爛且奪目！

藉由書寫《老爸的鈍感力哲學》，透過欣賞與了解，化解了幾十年來的誤會，完成了老爸與我的和解之旅，是除了將老爸的鈍感力哲學分享給世人以外，另一項最大的收穫！

老爸與我。老爸抱著幼年時期的我，攝於台中市中華國小。

老爸與我，在中華路老家中的合照。

老爸的鈍感力哲學

作　　者：宋沛芸 Rebecca Sung
執行編輯：黃柏軒
封面設計：陳昭淵
內文排版：陳昭淵

出　　版：愛文社
地　　址：247 新北市蘆洲區三民路 201 號五樓
信　　箱：eminorvonash@gmail.com

代 理 商：白象文化事業有限公司
地　　址：401 台中市東區和平街 228 巷 44 號
電　　話：04-22208589

I S B N：978-986-97298-2-6(平裝)
定　　價：350 元
初版一刷：2020 年 2 月

國家圖書館出版品預行編目 (CIP) 資料

老爸的鈍感力哲學 / 宋沛芸 著
初版 _ 新北市 _ 愛文社 _2020.02_224 面 _14.8×21 公分
ISBN 978-986-97298-2-6 (平裝)
1. 父親　2. 親子關係　3. 心理
544.141_108021776